知らないと恥をかく世界の大問題15

21世紀も「戦争の世紀」となるのか?

池上 彰

角川新書

目次

本書の内容は２０２４年５月中旬時点のニュース、データなどに基づいています。

カバー・図版デザイン／國分　陽
イラスト／斉藤重之
撮影／村越将浩
スタイリング（カバー写真）／興津靖江（ＦＥＬＵＣＡ）
編集協力／八村晃代
編集／辻森康人

プロローグ　大衝突の時代、再び「戦争の世紀」へ

アメリカ大統領選挙が世界を揺るがす

ジョー・バイデンとドナルド・トランプの再対決となるアメリカ大統領選挙。
深刻化するアメリカの分断は、2つの戦争をはじめ
世界が抱える問題に大きな影響を及ぼす。
混迷する世界がどう動くのか。日本はどうするべきか?

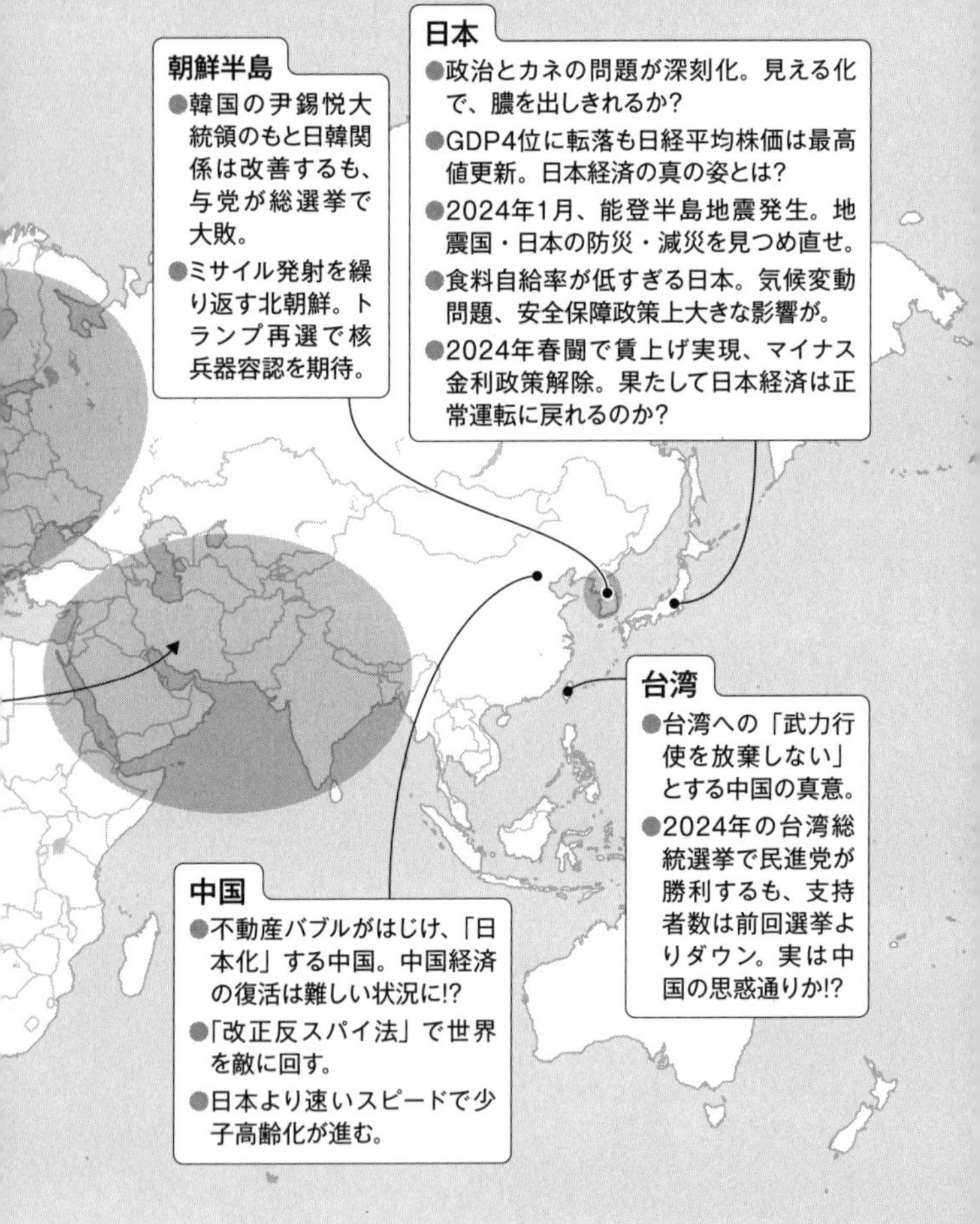
日本
●政治とカネの問題が深刻化。見える化で、膿を出しきれるか?
●GDP4位に転落も日経平均株価は最高値更新。日本経済の真の姿とは?
●2024年1月、能登半島地震発生。地震国・日本の防災・減災を見つめ直せ。
●食料自給率が低すぎる日本。気候変動問題、安全保障政策上大きな影響が。
●2024年春闘で賃上げ実現、マイナス金利政策解除。果たして日本経済は正常運転に戻れるのか?
朝鮮半島
●韓国の尹錫悦大統領のもと日韓関係は改善するも、与党が総選挙で大敗。
●ミサイル発射を繰り返す北朝鮮。トランプ再選で核兵器容認を期待。
台湾
●台湾への「武力行使を放棄しない」とする中国の真意。
●2024年の台湾総統選挙で民進党が勝利するも、支持者数は前回選挙よりダウン。実は中国の思惑通りか!?
中国
●不動産バブルがはじけ、「日本化」する中国。中国経済の復活は難しい状況に!?
●「改正反スパイ法」で世界を敵に回す。
●日本より速いスピードで少子高齢化が進む。

アメリカ
●2024年11月、大統領選挙実施。「もしトラ」に世界が脅える。
●大統領選挙の争点は、「不法移民対策」と「中絶の是非」。
●大統領選挙のカギを握る「キリスト教福音派」と「ユダヤマネー」。
●アメリカとイスラエルの“特別な関係”に疑問を呈するZ世代。
ヨーロッパ諸国
●戦争が長引き、ウクライナが劣勢に。ウクライナ分割の可能性も!?
●アメリカ大統領にトランプ再選なら、ウクライナ戦争が即終結?
●ロシアが次に狙うのはモルドバ?
●イスラエルを非難できないヨーロッパの歴史的背景。
●2023年・フィンランド、2024年・スウェーデンがNATO加盟。ロシアとの対決姿勢が鮮明に。
●EUの中の異分子。ハンガリー・オルバン政権の反EUの姿勢。
中東・アジア
●2023年10月、ハマスがイスラエルを攻撃。ガザでの戦闘が激化。引き金は、サウジアラビアとイスラエルの接近。
●イスラエルとイランの衝突。第5次中東戦争の危機!?　背後にアメリカとイランの対立が。
●ハマスに連帯するヒズボラ、フーシ派の動きに要注意。
●実は自分ファースト!?　危ういネタニヤフの政権運営。
●ポスト石油の時代を意識し、大きく変貌するイスラム大国サウジアラビア。
●存在感を増すグローバル・サウスの旗手＝インドの動きに注目。
人類共通の問題
●国際協調か自国ファーストか?　民主主義か権威主義か?　2024年は世界のターニングポイントを迎える。
●トランプ再選を密かに待つ国。世界の分断はさらに激化。
●地球沸騰化時代、この10年の選択が未来を決める?
●生成AI。規制や活用に向けた世界初のルールづくりが急がれる。

※世界基準ではイギリスが世界地図の中心で語られることが多い。
この地図をもとに考えると、アメリカは西、ロシアは東。日本は極東となる。

世界の分断で枠組みに変化が!?

先進国だけでは世界の問題は解決しない。
そこで、つくられた21世紀の世界の大きな枠組みが以下。
しかし、ロシアのウクライナ侵攻以降、その枠組みにも影響が……。

G8だけでは世界の問題を解決することができないと考えた結果、世界の意思をまとめる新しい集まりができた。2024年は11月にブラジルで開催予定。

かつてのサミット（主要国首脳会議）はこの7カ国で開かれていた。1990年代に入り、ロシアが加わり、G8となったが、ウクライナ・クリミア問題で、2014年のサミットではG8からロシアを除外。2020年はコロナで中止。2024年は6月にイタリアで開催予定。

勢いのある新興国の国名の頭文字を取って、BRICsと呼ばれていた。南アフリカを加えて、BRICSとも。

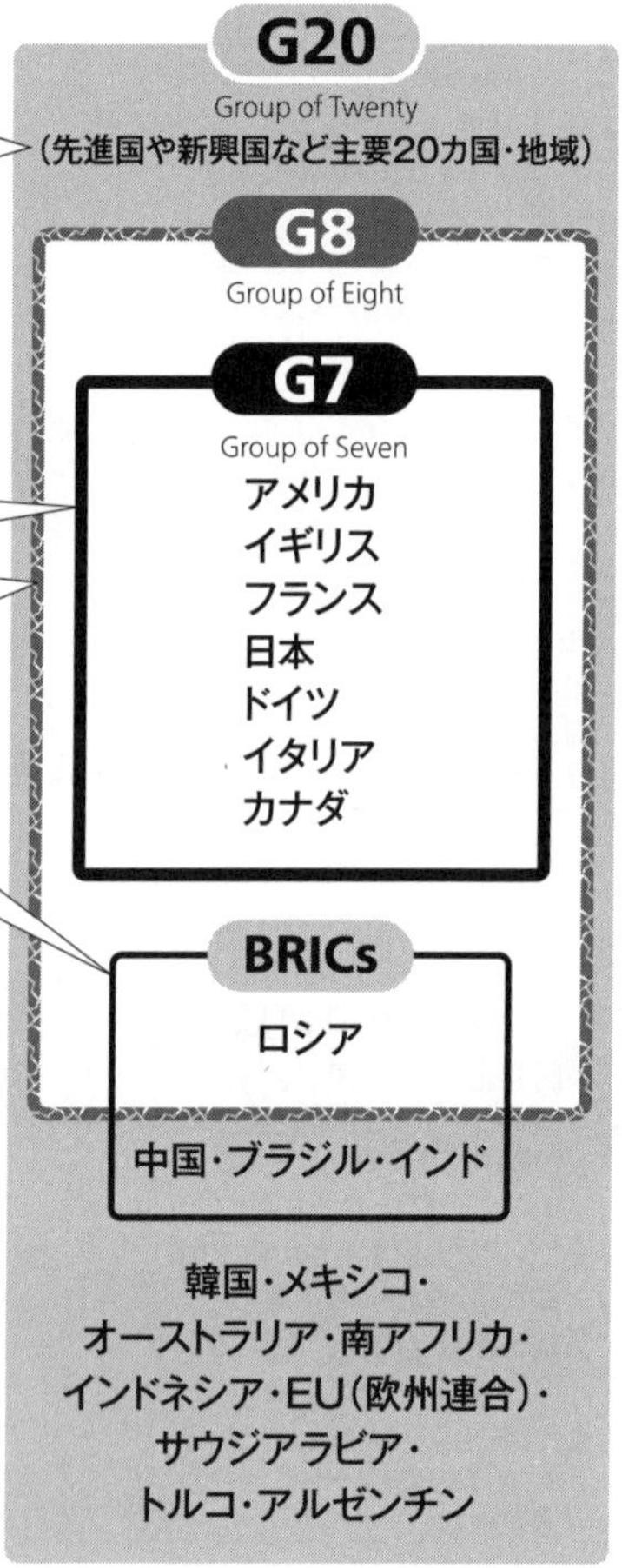
G20
Group of Twenty
（先進国や新興国など主要20カ国・地域）
G8
Group of Eight
G7
Group of Seven
アメリカ
イギリス
フランス
日本
ドイツ
イタリア
カナダ
BRICs
ロシア
中国・ブラジル・インド
韓国・メキシコ・
オーストラリア・南アフリカ・
インドネシア・EU（欧州連合）・
サウジアラビア・
トルコ・アルゼンチン

MEF

Major Economies Forum

主要経済国フォーラム

エネルギーや気候変動について、世界の主要国で話し合う。「地球温暖化問題」については、1992年の地球サミットで採択された「気候変動枠組条約」の締約国が集まって、COP（Conference of the Parties、締約国会議）を毎年開催。COP21では、パリ協定が採択された。

国際社会の調整役・国際連合の役割

グローバル化が進むにつれて、
国同士の問題、世界全体に関わる問題などが増えてきている。
その調整を行うのが国際連合＝国連なのだが……。

国際連合

以下の6つの主要機関と、関連機関、専門機関からなる国際組織。

経済社会理事会

経済・社会・文化・教育・保健の分野での活動を担当。

信託統治理事会

独立していない信託統治地域の自治・独立に向けた手助けを担当（1994年のパラオの独立後、作業を停止）。

国際司法裁判所

国際的な争い事の調停を担当。

総会

2021年7月時点、加盟国は193カ国。加盟国すべてが参加する会議。各国が1票の表決権を持つ。年に1度、9月に総会が開かれる。

事務局

事務局長が、国連事務総長。現在はポルトガル出身のアントニオ・グテーレス（2017年〜）。

安全保障理事会
（安保理）

国際平和と安全に主要な責任を持つ。15カ国で構成される。

常任理事国

アメリカ

ロシア

（1991年12月からロシア。それまではソビエト連邦）

イギリス

フランス

中国

（1971年10月から中華人民共和国。それまでの代表権は中華民国）

非常任理事国

10カ国。総会で2年の任期で選ばれる。

日本は2023年1月から非常任理事国に（2年間の任期）。国連加盟国中最多の12回目の選出。

※世界貿易機関（WTO）、国際原子力機関（IAEA）などの関連機関や、国際労働機関（ILO）、国際連合教育科学文化機関（UNESCO）、世界保健機関（WHO）、国際復興開発銀行（世界銀行）、国際通貨基金（IMF）などの専門機関がある。

アジア太平洋地域を中心とした貿易の主導権争い

太平洋を取り囲む(環太平洋の)国々が、国境を越えて、
モノ、お金、人が自由に行き来できる自由貿易の枠組みを推進している。
その代表が、TPP、RCEP。TPPから離脱したアメリカ、
RCEP交渉から離脱したインド、TPP加盟を認められたイギリス。
各国の動きから目が離せない。

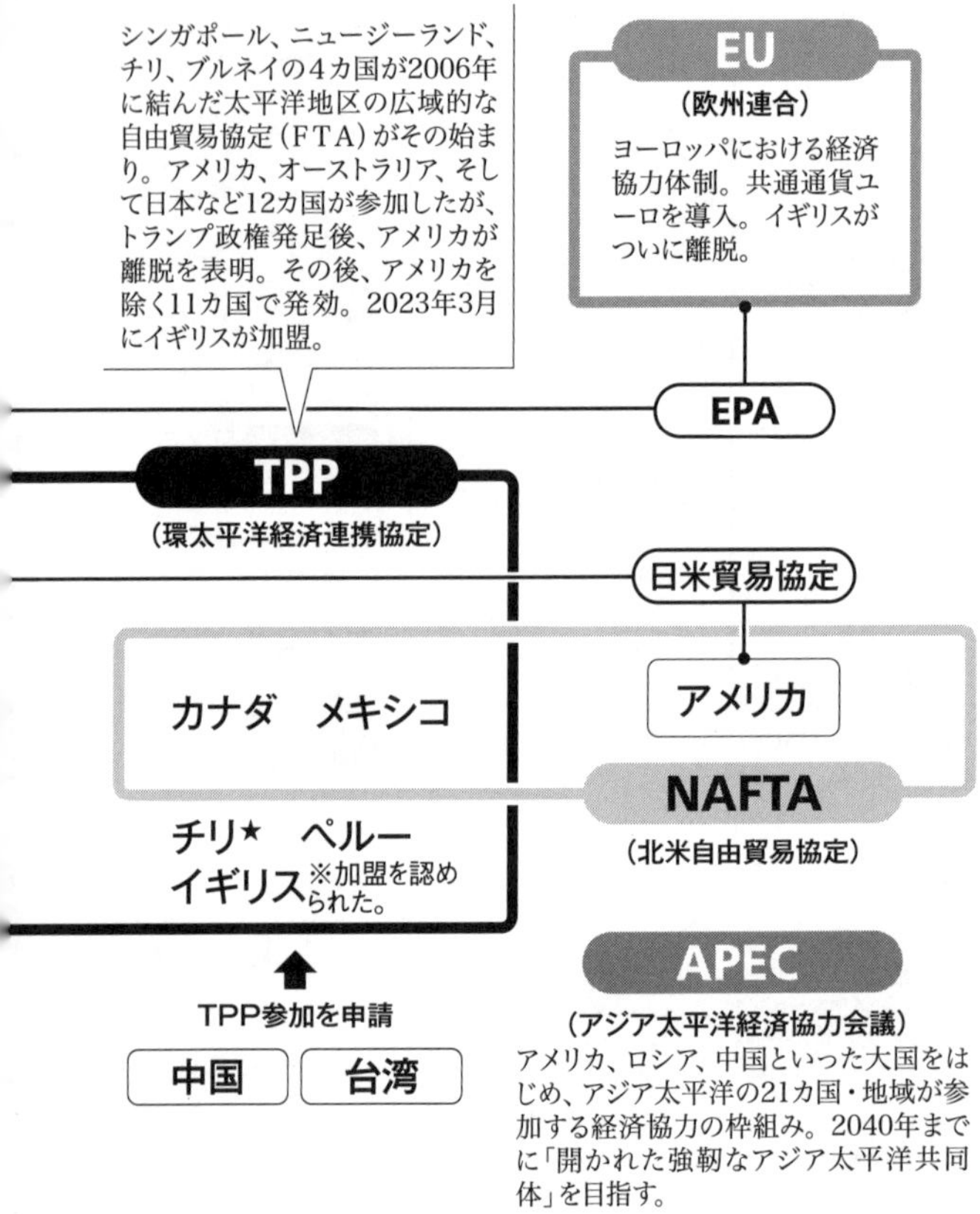

シンガポール、ニュージーランド、チリ、ブルネイの4カ国が2006年に結んだ太平洋地区の広域的な自由貿易協定(FTA)がその始まり。アメリカ、オーストラリア、そして日本など12カ国が参加したが、トランプ政権発足後、アメリカが離脱を表明。その後、アメリカを除く11カ国で発効。2023年3月にイギリスが加盟。
EU
(欧州連合)
ヨーロッパにおける経済協力体制。共通通貨ユーロを導入。イギリスがついに離脱。
EPA
TPP
(環太平洋経済連携協定)
日米貿易協定
カナダ　メキシコ
アメリカ
NAFTA
(北米自由貿易協定)
チリ★　ペルー
イギリス※加盟を認められた。
TPP参加を申請
中国
台湾
APEC
(アジア太平洋経済協力会議)
アメリカ、ロシア、中国といった大国をはじめ、アジア太平洋の21カ国・地域が参加する経済協力の枠組み。2040年までに「開かれた強靭なアジア太平洋共同体」を目指す。

EPA
FTAをベースに、労働者の移動の自由化などを盛り込んだ決め事。

FTA
2つの国または地域間で、関税などの貿易上の障壁を取り除く決め事。

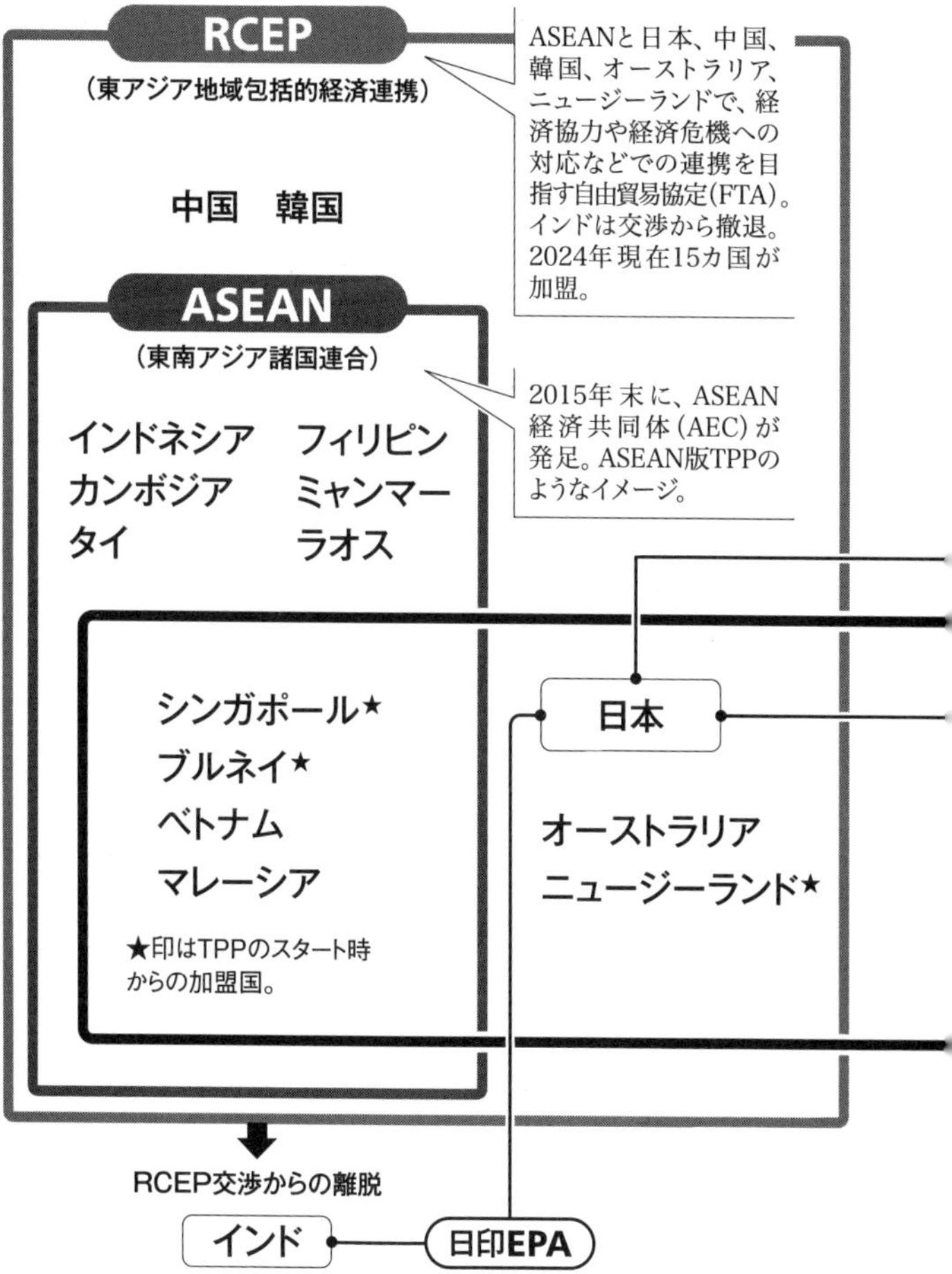
RCEP
（東アジア地域包括的経済連携）
ASEANと日本、中国、韓国、オーストラリア、ニュージーランドで、経済協力や経済危機への対応などでの連携を目指す自由貿易協定(FTA)。インドは交渉から撤退。2024年現在15カ国が加盟。
中国　韓国
ASEAN
（東南アジア諸国連合）
2015年末に、ASEAN経済共同体(AEC)が発足。ASEAN版TPPのようなイメージ。
インドネシア　フィリピン
カンボジア　ミャンマー
タイ　ラオス
シンガポール★
ブルネイ★
ベトナム
マレーシア
★印はTPPのスタート時からの加盟国。
日本
オーストラリア
ニュージーランド★
RCEP交渉からの離脱
インド
日印EPA

第1次世界大戦前の対立の構図

初めての世界規模の戦争で、現在の中東問題などの
種を蒔いたという負の遺産を残した第1次世界大戦。
バルカン半島をめぐる問題がくすぶるなか、
サラエボでのオーストリア帝位継承者の暗殺が開戦のきっかけとなった。
新興勢力であったドイツとそれまでの列強国の対立ともいえる。

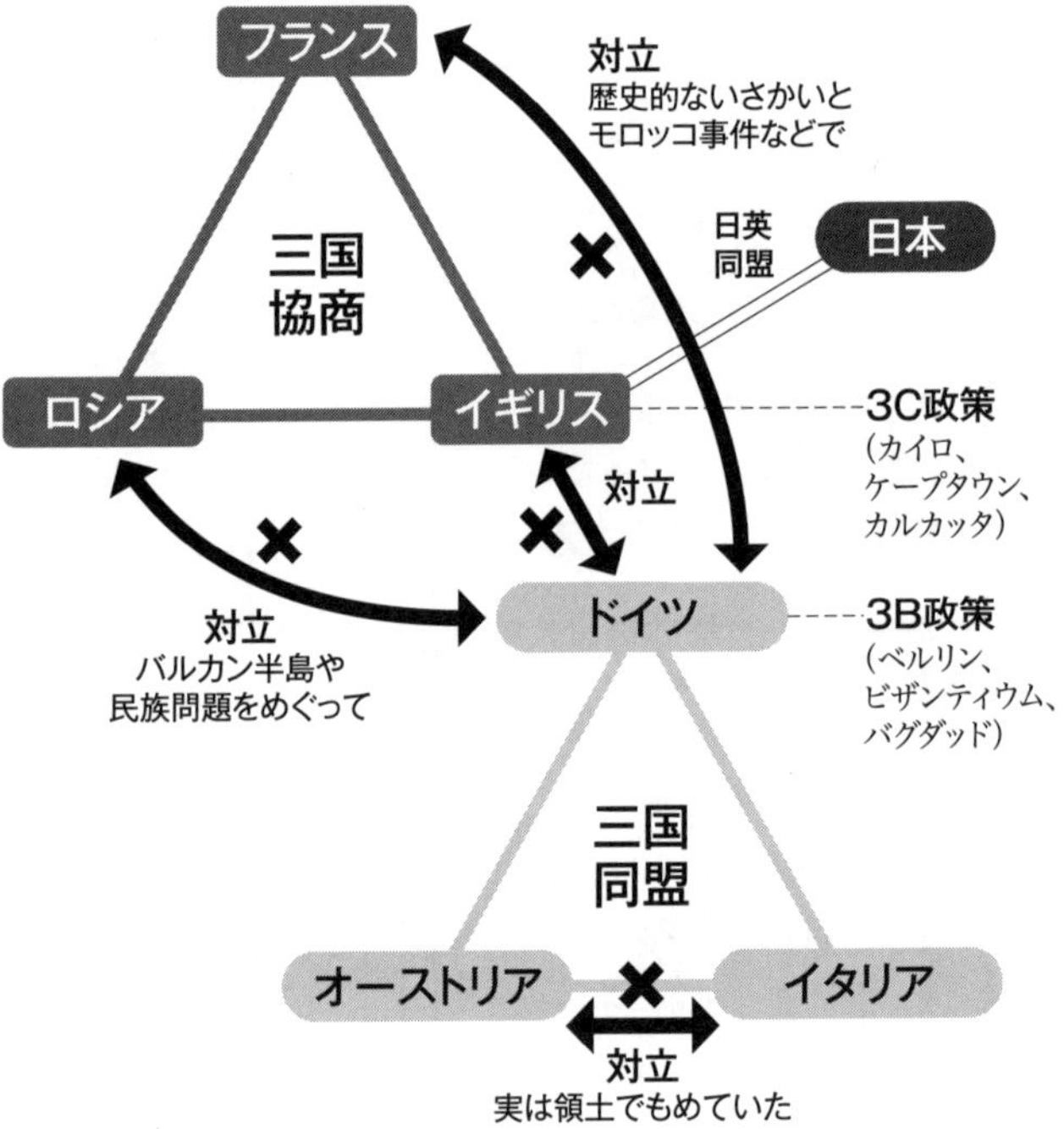
フランス
対立
歴史的ないさかいと
モロッコ事件などで
三国
協商
日英
同盟
日本
ロシア
イギリス
3C政策
（カイロ、
ケープタウン、
カルカッタ）
対立
ドイツ
3B政策
（ベルリン、
ビザンティウム、
バグダッド）
対立
バルカン半島や
民族問題をめぐって
三国
同盟
オーストリア
イタリア
対立
実は領土でもめていた

1914年	サラエボ事件 ▶第1次世界大戦へ
1918年	第1次世界大戦終結
1919年	パリ講和会議 ▶ヴェルサイユ条約締結（戦後体制の確立）
1920年	国際連盟の成立

第2次世界大戦前の対立の構図

世界恐慌とファシズム(全体主義)が台頭するなか、
ナチス・ヒトラーのドイツ、ムッソリーニのイタリア、そして日本の
三国軍事同盟を中心とする枢軸国側と、アメリカ、イギリス、フランス、オランダ、
中国、ソ連などの連合国側の間で起こった2度目の世界規模の戦争。
人類史上最多といえる民間人の犠牲を出した。

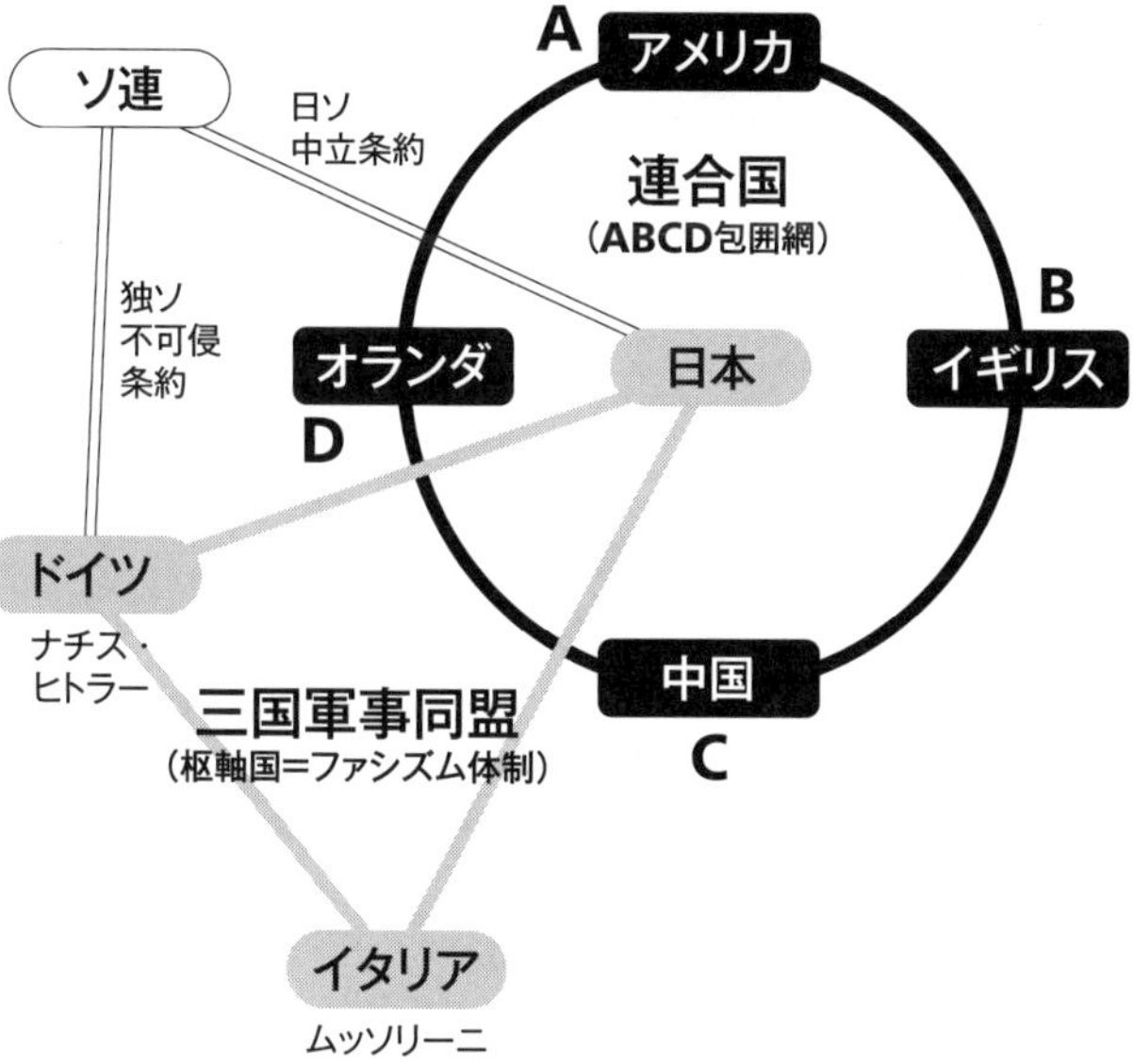

1939年	ドイツのポーランド侵攻	▶第2次世界大戦へ
1941年	日本の真珠湾攻撃	▶日米の戦争へ
1945年	アメリカ、イギリス、ソ連によるヤルタ会談(戦後体制を話し合う)	
	原爆、日本(広島、長崎)へ投下	
	日本、ポツダム宣言受諾	▶第2次世界大戦終結
	国際連合の成立	
1951年	サンフランシスコ講和条約締結(戦後体制の確立)	

世界の3大宗教とは？

世界には多くの宗教があり、人々の暮らしに密接に結びついている。
宗教が人間としての生き方や精神活動、
さらには経済活動などにも大きな影響を及ぼしている。
世界レベルで広がった宗教のうち、
とくに、キリスト教、イスラム教、仏教を世界3大宗教と呼ぶ。

キリスト教

開祖：イエス・キリスト
成立：紀元後1世紀ごろ

3大教派

- プロテスタント
- 正教会（東方正教とも。ギリシャ正教、ロシア正教などがある）
- カトリック（最大教派）

簡単に言うと「イエスの教えを信じる宗教」。ユダヤ教の改革運動を行っていたイエスのことを、救世主＝キリストと考え信じる宗教。

イスラム教

創唱者：ムハンマド
成立：紀元後7世紀の初めごろ

スンニ派（約85%）
イスラム教の教えを守っていけばいい、スンニ（スンナ）＝慣習を重視。サウジアラビアなど。

シーア派（約15%）
アリー（預言者ムハンマドのいとこ）の党派（シーア）。血統を重視。イランなど。

神に選ばれた最後の預言者であるムハンマドが、神から下された言葉を人々に伝えたことが始まりとされる。

仏教

開祖：ゴータマ・シッダールタ
成立：紀元前5世紀ごろ

- チベット仏教
- 上座部仏教　※上座部とは「長老の僧、徳の高い僧」の意。
- 大乗仏教　※大乗とは「大きな乗り物」の意。

仏の教え。仏とはブッダ＝真理に目覚めた人（ゴータマ・シッダールタ）のこと。物事の真理を知ることを「悟りを開く」という。

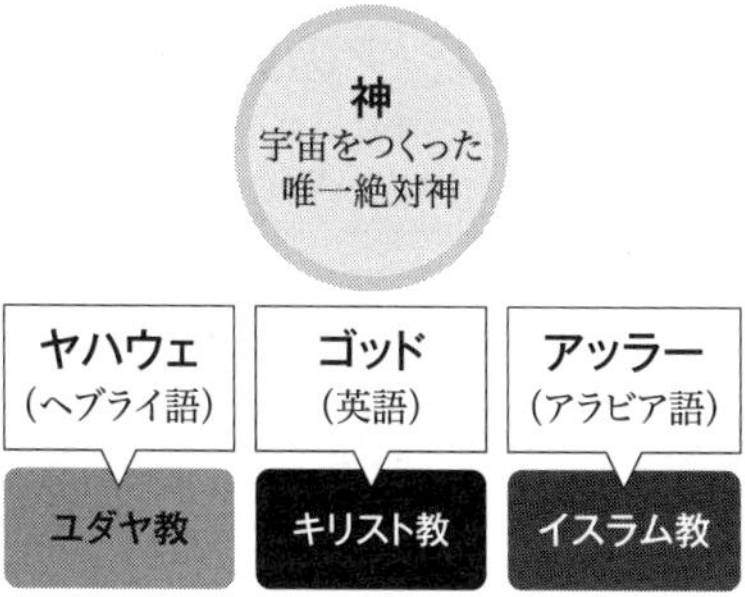

※エジプトのキリスト教系のコプト教では、神をアッラーと呼ぶ。

この3つの宗教が信じる神は同じ

ユダヤ教、キリスト教、イスラム教の3つを並べて解説することが多い。実は、この3つの宗教は、同じ唯一神を信じる。ちなみに、ユダヤ教は、紀元前13～前12世紀に成立した宗教。ユダヤ教を信仰する人はユダヤ人と呼ばれる。

エルサレムの旧市街には3つの宗教の聖地がある

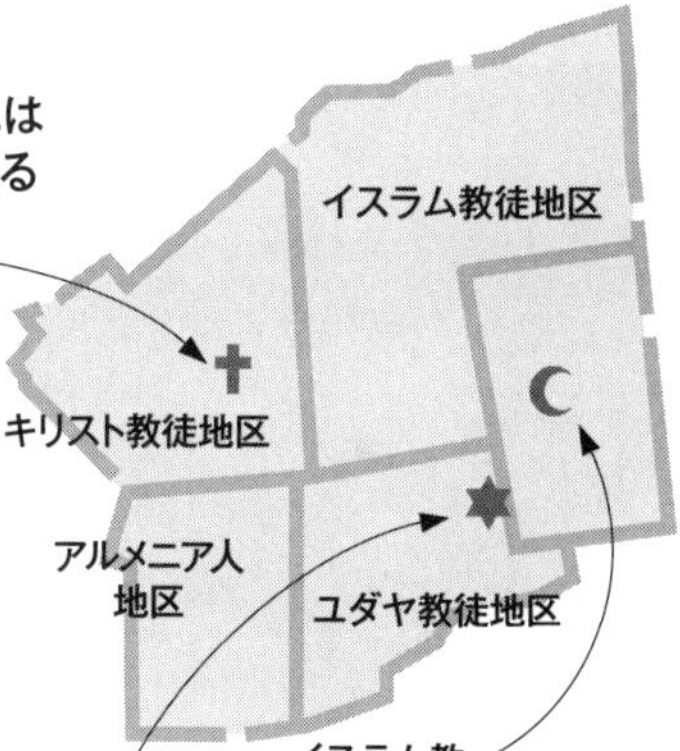

キリスト教
聖墳墓教会

イエスが十字架にかけられたゴルゴタの丘があったとされる場所に建てられている。

ユダヤ教
嘆きの壁

紀元後70年にローマ帝国によって神殿が破壊された。その神殿の西側の壁だけが残った。夜露にぬれると涙を流しているように見えるところから名づけられたとも。

イスラム教
岩のドーム

メッカにいたムハンマドが天馬に乗ってエルサレムに行き、そこから天に昇ったとされる「聖なる岩」を丸い屋根で覆い、この建物に。

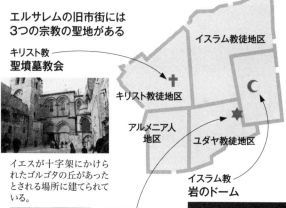

拡大するNATOとロシアの対立

ロシアのウクライナ侵攻を機に、
2023年4月にフィンランド、2024年3月にスウェーデンが
新たにNATO（北大西洋条約機構）に加盟。
NATOの拡大はヨーロッパの安全保障環境を大きく変え、
ロシアとの緊張が高まっている。

NATOの加盟国（32カ国）
ロシアのウクライナ侵攻以前に加盟
ロシアの侵攻以降加盟
スウェーデン（2024年加盟）
フィンランド（2023年加盟）
ノルウェー
ヘルシンキ
ストックホルム
バルト海
ロシア
カリーニングラード州（ロシア領）
NATO本部（ブリュッセル）
ベラルーシ
キーウ
ウクライナ
ベルギー
ハンガリー
黒海
ジョージア
トルコ

※2024年5月現在。NATOには上記の他にアメリカ、カナダ、アイスランドが加盟。

イスラエルとパレスチナ、衝突の歴史

2023年10月、ハマスのイスラエル攻撃から始まったガザ戦闘。
1948年にイスラエルが建国され、
これに反発したアラブ諸国との衝突が今も続く。
4度にわたる中東戦争を経るたびに
イスラエルの支配地域が拡大している。

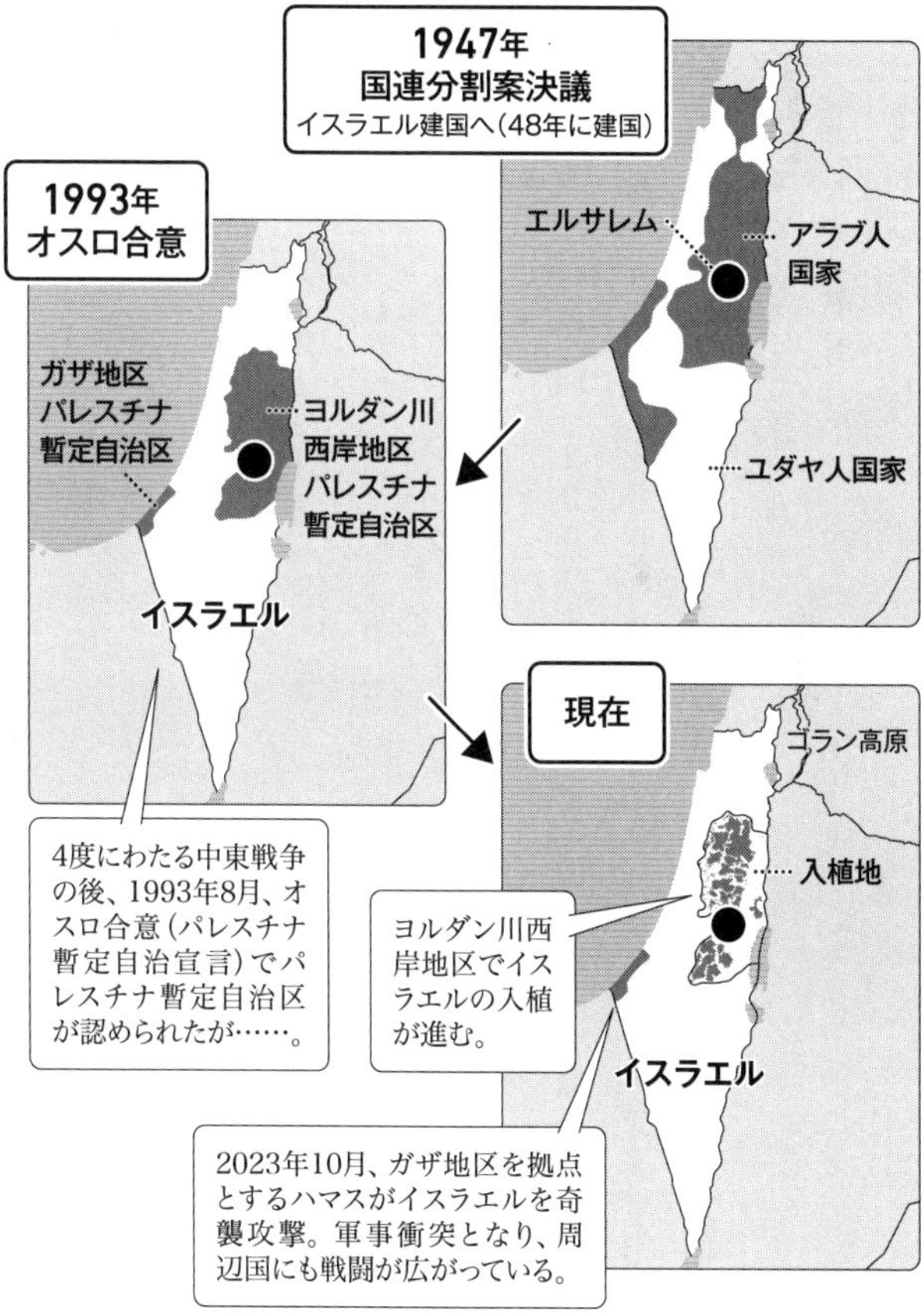
1947年
国連分割案決議
イスラエル建国へ(48年に建国)
エルサレム
アラブ人
国家
ユダヤ人国家
1993年
オスロ合意
ガザ地区
パレスチナ
暫定自治区
ヨルダン川
西岸地区
パレスチナ
暫定自治区
イスラエル
4度にわたる中東戦争の後、1993年8月、オスロ合意(パレスチナ暫定自治宣言)でパレスチナ暫定自治区が認められたが……。
現在
ゴラン高原
入植地
ヨルダン川西岸地区でイスラエルの入植が進む。
イスラエル
2023年10月、ガザ地区を拠点とするハマスがイスラエルを奇襲攻撃。軍事衝突となり、周辺国にも戦闘が広がっている。

■「知ら恥」が歩んだ激動の15年

このシリーズも、ついに第15弾となりました。

当初は、毎年書くようなトピックはないだろうと考えていたのに、２００９年の初めての出版以降、毎年、解説しなければいけないような大問題が世界のどこかしらで勃発《ぼっぱつ》しました。幸か不幸か、〝ニュースに事欠かない15年〟になってしまったのです。憂うべきことです。

「十年一昔」といいますが、15年前、２００９年発行の第１弾にはどんなことが書いてあったのかパラパラと読み返してみると、ちょうど前年の**２００８年は、アメリカでリーマン・ショックが起きた年**だったのですね。**「１００年に１度の金融危機が起きた」**と、リーマン・ショックの解説をしています。

２０２３年11月、週刊誌『ＡＥＲＡ』（朝日新聞出版）の企画で『人新世《ひとしんせい》の「資本論」』の著者・斎藤幸平《さいとうこうへい》さんと対談しました。

彼によれば、世界的には1990年代から2008年まではグレート・モデレーション（大いなる安定）の時代だった、といいます。「世界規模の戦争もなく、経済の動きも穏やかだった時代。あの頃、うまく機能していた社会のシステムはリーマン・ショック以降、各所で綻《ほころ》びを見せ始め、コロナをきっかけに完全に破綻《はたん》した」というのです。

リーマン・ショックは、20世紀の覇権国家・アメリカを転落させるきっかけとなった出来事でもあったように思えます。

「環境問題、パンデミック、戦争、インフレといった複合危機の時代に、社会をだんだんと良くしていけばいいという思想は通用しない」（斎藤氏）。残念ながら、その通りでしょう。

いまになって思えば、『知らないと恥をかく世界の大問題』がスタートした15年前は、**世界がそんな危機に向かう入り口の年だった**のです。

■イスラエルにとっての「9・11事件」

現代社会は混沌《こんとん》としています。

とくに2023年は、世界でも日本でも本当にいろいろなことがありました。10月7日の、**パレスチナ・ガザ地区を実効支配するイスラム武装組織「ハマス（正式名称はイスラム抵抗運動）」によるイスラエル奇襲攻撃**は、衝撃でした。ロシアによるウクライナ侵攻から1年8カ月が過ぎようとしていたころ、戦火は中東へも広がったのです。

ハマスはイスラエルを奇襲、民間人を殺害した上に240人以上を人質にとるという、かつてない大胆な攻撃に出ました。イスラエルも報復として、ハマスが実効支配しているガザ地区への攻撃を開始。イスラエル政府は、**「これはイスラエルにとっての9・11だ」**と、今回の軍事衝突を、アメリカを襲った同時多発テロになぞらえて語りました。

若い人は、**2001年9月11日に起きた9・11事件（アメリカ同時多発テロ事件）**を知らないかもしれませんね。そもそも、私はこの事件をきっかけに中東に強い関心を持ち、イスラム教の聖典であるクルアーン（コーラン）の日本語訳を読んだり、中東問題について調べたりするようになりました。ちょうど私が、ＮＨＫ（日本放送協会）で「週刊こどもニュース」のお父さん役を担当していたときです。

イスラム過激派のテロ組織アルカイダのメンバーによって4機の民間航空機がハイジャックされ、アメリカの象徴ともいえるニューヨークのワールドトレードセンター（ＷＴＣ）などに突っ込みました。この攻撃で３０００人近くが犠牲になり、当時のジョージ・Ｗ・ブッシュ（息子のブッシュ）政権は、事件の犯人をオサマ・ビンラディンと断定。**犯人のオサマ・ビンラディンを匿《かくま》っているとしてアフガニスタンを攻撃**しました。

「なぜ、イスラム過激派が出てくるのか」、あるいはオサマ・ビンラディンを匿ったために、アメリカに崩壊させられた「アフガニスタンのタリバン政権とは何なのか」、番組で中東問題を毎週のように取り上げ、解説しました。

アメリカなど、キリスト教社会では、９・11を機に、アラブ系の人や、イスラム教徒に対する憎悪犯罪（ヘイトクライム）が急増したと伝えられています。

■まずは宗教を知ることから始めよう

世界のさまざまなニュースを解説することになったとき、**世界史の知識が求められるのだ**ということに気付きました。

中東について勉強していて感じたのは、とにかく「日本に住んでいる私たちとはまったく異なる」ということ。信じている宗教の中身がまったく違いますし、同じイスラム教でも、スンニ派（正しくはスンナ派ですが、メディアではスンニ派と呼んでいるので本書でもそう記します）とシーア派は対立関係にあります。「中東」といっても、イランはシーア派の国で、もともとはペルシャですから、アラブ人とは民族も異なります。同じアラビア文字を使っていますが、言語も異なるのです。**中東は単に地理的な概念であって、内実は複雑なのです。**

ちなみにイランというのは、「アーリア人の国」という意味です。「アーリアン」↓「アリアナ」↓「イラン」と音置換して「イラン」です。

アーリア人とは、インド・ヨーロッパ語族の諸言語を用いる人種の総称ですが、ナチス・ドイツはドイツ国民を「アーリア人種」の民族として賛美しました。過去に「アーリア人大移動」がありました。アーリア人はヨーロッパから南下しながら、インド、そしてイランのあたりへと枝分かれしていったのです。

イラン人（ペルシャ語をしゃべるペルシャ人）は、「自分たちはアーリア人だ」「アラビア語をしゃべるアラブ人とは違う」という民族的な誇りを持っています。

さらに勉強をしていて確信したのは、**国際ニュースを理解するには、宗教の基礎的な知識が必須**《ひっす》だということです。

■一神教「3兄弟」は信じる神が同じ

世界の人口は約80億人で、その半数以上が「一神教」を信じています。**一神教といえば、ユダヤ教・キリスト教・イスラム教の3つが典型です。**３つの宗教は、同じ神様を信じる「兄弟宗教」といえるのですが、だからといって仲が良いわけではないのです。

私は複数の大学で教えていて、中には国際教養学部の学生を教えることもありますから、彼らには**「絶対に聖書に関する知識は持っておいたほうがいい」**とアドバイスしています。

2005年、54歳のときにNHKを辞めてフリーランスになると真っ先に、私はカメラを提げて1人で中東へ向かいました。小田実《おだまこと》氏ではないけれど、**"何でも見てやろう"の気持ちです**（『何でも見てやろう』とは小田氏のベストセラーの旅行記）。最初に行ったのは「核開発をしているのではないか」という疑惑のあったイラン。その後、1人でパレスチナの難民キャンプにも取材に行きました。実際に現地へ行って、自分の目で見なければわからないことはたくさんあります。

3つの宗教の聖地が集まるエルサレムの旧市街へは、テレビ局のロケでも何度か訪れました。**ユダヤ教の「嘆きの壁」、キリスト教の「聖墳墓教会」、イスラム教の「岩のドーム」**が、およそ1㎞四方の城壁で囲まれています（21ページ参照）。イスラエルはエルサレムを首都だと主張していますが、日本を含め、国際社会は認めていません（アメリカの立場については75ページ参照）。

エルサレムがなぜ3つの宗教の聖地なのか、不思議ではありませんか？

先に、3つの宗教は兄弟宗教みたいなものだと説明しましたが、どんな順に生まれたのか。ユダヤ教を長男とすれば、キリスト教は二男、イスラム教は三男になります。

イエスはもともとユダヤ教徒だったのに、宗教改革をしようとしたことでユダヤ教徒のボスから恨みを買って殺されました。そのイエスの生涯と言行を記した（弟子たちが書いた）ものが『新約聖書』です。それに対してユダヤ教の聖書はキリスト教徒からは『旧約聖書』と呼ばれるようになりました。キリスト教徒にとっては、イエスが遣わされたことで、**人間は神様との間に「新しい契約」を結んだので「新約」。これに対し、それ以前に人間が神様との間に結んだ契約が「旧約」**となります。

キリスト教徒にとっては、旧約聖書も新約聖書もどちらも「聖書」になりますが、ユダヤ教徒に「旧約聖書」と言うと感情を害します。「聖書は1つだけ。新約聖書などない」というわけです。イエス・キリストはユダヤ教徒だったということは、意外に知られていません。

キリストとは「救世主」のこと。「救世主イエス」なのです。

■アメリカ大統領選挙のカギを握る「キリスト教福音派」

アメリカの新聞や週刊誌には、**「ダビデとゴリアテ」**など、旧約聖書に出てくる人の名前がよく出てきます。「ゴリアテのような巨大企業が倒産した」といった具合です。

ダビデはミケランジェロのダビデ像で知っている人も多いと思います。エルサレムに都を築いた古代イスラエル人（ユダ族）の王様です。一方、ゴリアテは、ダビデから石を投げられて殺されたペリシテ人の巨人です。羊飼いだった少年ダビデが巨人戦士であるゴリアテを倒し王になる――小さく弱い者が大きく強い者を倒すたとえとして使われる話です。ちなみに「パレスチナ」というのは、「ペリシテ人の土地」という意味です。

旧約聖書は、『創世記』で始まります。物語なので、面白く読めます。

神様は6日間でこの世界をおつくりになった（天地創造）後、7日目に休まれた。これが現在の1週間の始まりです。7日間のうち1日は安息日《あんそくび》として休む。日本は明治維新以降、西洋文化が入ってくることによって7日を1週間として暮らすようになりました。それまで日本人にとって1週間という概念はなかったのです。

神様は天地をつくり、動植物をつくり、最後に人間、すなわちアダムとイブをつくられた。神は自分に似せてアダムをつくり、アダムのあばら骨を取ってイブをつくった。これが私たち人間の始まり。ですから、人間はアダムとイブの子孫というわけです。

アメリカには**「福音派」（エバンジェリカル）といって、聖書に書いてあることは一言一句正しいと信じる人たちが人口の4分の1もいます。**彼らは、チャールズ・ダーウィンが提唱した「進化論」を信じていません。人間の祖先とサルの祖先が同じだなんてとんでもないと否定し、学校で教えることを禁止していた州もあったほどです。

さらに、神はアダム＝男とイブ＝女をおつくりになったのだから、男と女以外は存在しないと考えます。となると、ＬＧＢＴＱ（Lesbian、Gay、Bisexual、Transgender、QueerやQuestioningの頭文字をとった言葉）なんていうのはおかしいということになるわけですし、まして「同性婚」なんて絶対に許せない。

前々回（２０１６年）のアメリカの大統領選挙では、彼らがドナルド・トランプ当選の原動力となりました。当然、**２０２４年のアメリカ大統領選挙でも、彼らが大きな影**

響力を持ちます。

■アメリカが世界最大のリスクに!

世界のさまざまなリスクを調査しているアメリカのイアン・ブレマー率いる「ユーラシア・グループ」が発表した**「2024年10大リスク」の1番目は、「アメリカの敵はアメリカ」**というものでした。彼らは世界の地政学リスクを専門に扱っていて、その分析力には定評があります。

「アメリカの敵はアメリカ」とは、いったいどういうことなのか。

アメリカは、国内で民主党支持者と共和党支持者が激しく対立し、分断が進んでいます。前回の2020年の大統領選挙では、当時の現職大統領で共和党の候補だったトランプが選挙の結果を不正に覆そうとして騒動になりました。

つまり、**アメリカは先進民主主義国家の中で、唯一、自由で公正な選挙が行えない国となっている**というのです。前回のように選挙妨害などで自由な選挙が行えないとしたら、**アメリカは世界で最も強力な国であるからこそ、それが深刻なリスクになる**のです。

「前例のないほど機能不全に陥ったアメリカの選挙は、世界の安全保障、安定、経済の見通しに多大な影響を与えるだろう。その結果は80億人の運命に関わることになるが、発言権を持つアメリカ人はわずか1億6000万人に過ぎず、さらに勝敗はほんの一握りの激戦州の数万人の有権者によって決定される」（レポート「2024年 10大リスク」より。以下同）と分析しています。

確かに、**アメリカの一握りの有権者によって世界の運命が決まるとなれば、私たちはたまったものではありません。まさに大問題です。**

2024年11月に行われる今回のアメリカ大統領選挙は、**共和党候補ドナルド・トランプ対民主党候補ジョー・バイデンの戦いになることが早くも確定しました。**世界の運命が決まるのに、「老々対決」というのも不安ですが、もしトランプが勝利したらどんなリスクがあるのか、バイデンが再選された場合はどうなのか。さらに今回のアメリカ大統領選挙の争点は何なのか、この後の第1章で、具体的に見ていくことにしましょう。

■ハマスとイスラエルの戦闘の背後にあるもの

ユーラシア・グループの2024年10大リスク、**2番目は「瀬戸際に立つ中東」**です。2023年10月7日、ハマスがイスラエルを奇襲すると、すぐさまイスラエルが報復しましたが、その後、**「ハマスに連帯する」という形で、レバノンのイスラム武装組織「ヒズボラ」がイスラエルを攻撃。**ヒズボラに対してもイスラエルが報復攻撃し、中東では次々と戦禍が広がっていきました。

ここでちょっと中東に詳しい人は、あれ？　と思うかもしれませんね。「ハマスに連帯する」といっても、レバノンのヒズボラはイランから支援を受けている親イランの民兵組織で、イスラム教シーア派です。一方、ハマスはスンニ派です。

しかし、そこは同じイスラム教徒。**宗派は違っても、イスラムに対する敵ということで、「反イスラエル」で連帯できる**のです。

1979年にイラン・イスラム革命が起きて、**「反米国家」となったイランは、中東**

ハマスとイスラエルの戦闘の背後にアメリカとイランの対立

における最大のイスラエルの敵です。イスラエルとアメリカは〝特別な関係〟ですから。なにしろアメリカには、イスラエルに住んでいるユダヤ人と同じくらいの数のユダヤ人が住んでいます。**ハマスとイスラエルの戦闘の背後には、アメリカとイランの対立関係が構図としてある**ということを知っておくといいと思います。

中東に戦禍が広がる2023年末、取材でヨルダンのパレスチナ難民キャンプを訪れました。ヨルダンにはパレスチナ難民キャンプがいくつもあります。今回は2番目に大きい難民キャンプへ行ってきました。

難民キャンプというと、なんとなくテント生活をしていると思っている人もいるかもしれません。でも、パレスチナ難民が発生してからもう70年が経つのですから、完全な町になっています。

難民キャンプで暮らす人の中には、ガザに親戚《しんせき》がいる人もいます。ガザで大勢の民間人が殺されていることに対し、彼らは危機意識と絶望感を持っていました。

イスラエルとパレスチナの間のイザコザは、いまに始まったわけではありません。長い対立の歴史があります。全体像を知らなければ、「先に攻撃をしたハマスが悪い」と思ってしまうでしょう。日本の常識では、ケンカは先に手を出したほうが悪いのです。

でも、**なぜハマスはイスラエルを攻撃したのか。彼らなりの理由「内在的論理」を知ろうとすることが大事です。**

■「アラブの大義」は何処へ？

ハマスは2007年にガザ地区を掌握して以来、ガザに住むパレスチナ人たちが苛酷《かこく》な暮らしをしていることに対して一矢《いっし》報いようと、イスラエルを何度も攻撃してきました。しかし、このところは比較的、落ち着いていたのです。

引き金となったのは、**サウジアラビアがイスラエルとの国交正常化に意欲を見せ始めたことです。**それを阻止しようという思いが大きかったと思われます。

ちょうど私が久しぶりに1人で、バーレーン、クウェート、ドバイへ取材に出かけた2023年9月、サウジアラビアの使節団がパレスチナ暫定自治政府を訪問しています。

つまり「来年（2024年）、イスラエルと国交を正常化するからよろしくね」と、仁義を切りに行ったのです。たまたま中東にいたので現地の新聞を毎朝見ていたら、それがニュースになっていました。日本ではあまり報道されていませんが、「サウジアラビアの正式な使節団が、パレスチナ暫定自治区に来るのは初めて」といった内容でした。

サウジアラビアというと、**メッカとメディナというイスラム教徒にとっての聖地を2つ持つアラブの大国です。**同じアラブ人の問題であるパレスチナの解放を「アラブの大義」と位置付けて、常にイスラエルと対立してきました。そのアラブの盟主サウジアラビアですら、イスラエルと国交を結ぶのか……。

2020年9月、当時のアメリカ・トランプ政権の仲介で、**イスラエルがアラブ首長国連邦（UAE）とバーレーンとの間でそれぞれ国交を正常化する「アブラハム合意」が結ばれました。**同年末までに、モロッコとスーダンも同様にイスラエルとの国交を正常化しています。つまり、**イスラエルを国家として承認したのです。**今度はバイデン政権が、サウジアラビアとイスラエルの国交を正常化しようとしているというわけです。

ちなみに「アブラハム合意」のアブラハムとは旧約聖書に出てくる人物で、**ユダヤ人とアラブ人の共通の先祖**とされています。共通の先祖を持つ同士で仲良くしようという

引き金はサウジアラビアとイスラエルの接近

イスラエルの先進技術を取り入れたい
アブラハム合意
2020年
アメリカの仲介
アラブ首長国連邦（UAE）
アラブの国
バーレーン
モロッコ
スーダン
イスラエル
サウジアラビアもイスラエルとの国交を正常化しようとした
サウジアラビア
ハマスが反発
イスラエルを奇襲

ので「アブラハム合意」と名付けられました。

なぜ主要なアラブ諸国が、イスラエルと次々に国交を結び始めたのか。それはイスラエルがIT（情報技術）先進国としてどんどん発展しているからです。**自分たちが発展するためにイスラエルとの貿易を盛んにし、先進技術を導入したい**のです。

パレスチナは貧しく、国際連合（国連）によると、ガザ地区の住民の約8割が国際支援を頼りに生活しています。自分たちは食料すら満足に手に入れられない。それなのにイスラエルと国交を持とうとするのか。「パレスチナは見捨てられるのではないか」という焦りがあったのでしょう。

ハマスがイスラエルを奇襲した途端、サウジアラビアはイスラエルとの国交正常化交渉を凍結しました。そういう意味では、ハマスの狙いは成功したといえるのかもしれません。

今回ハマスはパラグライダーでガザ地区とイスラエルの境界にある壁を越えました。前例のない攻撃です。この奇襲攻撃を海外のメディアは「カミカゼ攻撃」と表現することがありますが、日本の特攻隊にたとえるのは筋違いです。

イスラム教徒は殉教するとすぐに天国へ行けると考えます。クルアーンには、死んだらこの世の終わりが来るのを土の下で待っていて、この世の終わりが来たときに一人ひとりが蘇《よみがえ》り、神様の前に引き出され、生前の善い行いと悪い行いが秤《はかり》にかけられ、善い行いが多ければ天国へ行けると書いてあります。

しかし、イスラムのために戦って（ジハードといいます）死ぬと、ただちにアッラーのもとへ行ける。つまり天国への「特急券」を手に入れられるのです。天国では永遠に幸せに暮らせると信じています。となると、ジハードは結局は自分のため。それを特攻隊にたとえられると、「国のため、家族のため」と死地に臨んだ若者たちのことを知る私たちは違和感を抱くのです。

■ハマスに連帯を示す「フーシ派」

レバノンのヒズボラのほかにも、ハマスに連帯するイスラム過激派がいます。

ヨルダンのアメリカ軍基地がドローン（無人機）によって攻撃されアメリカ兵3人が

死亡すると、アメリカ軍はシリア国内のイランが支援する武装組織、そしてイラク国内のイラン系武装組織に対しても報復しました。

中東には**「シーア派の三日月」と呼ばれる地帯**があります。イラク、シリア、レバノンにまたがる地域で、イランの同盟勢力が国境を越えて帯状に広がっているのです。

さらに、イエメンに対してもアメリカ・イギリス軍が攻撃しました。**イエメンには「フーシ派」**（正式にはアンサール・アッラー［アッラーの支持者］）**という武装組織がいます。**フーシ派もイランと手を組むシーア派ですが、パレスチナのハマスへの連帯を示し、イスラエルを応援するアメリカやイギリスの船舶に攻撃を繰り返してきました。

つまり、ハマスとイスラエルの戦闘が広がり、その**代理戦争が中東全域に広がっているのです。**

日本も他人事《ひとごと》ではありません。日本にとって深刻なのはスエズ運河を通る紅海航路《こうかい》が通れなくなることです。2023年11月19日、日本郵船がチャーターした自動車運搬船が紅海でフーシ派によって乗っ取られました。うっかり紅海に入ると、またフーシ派の攻撃を受ける可能性があります。

スエズ運河が通れなくなるとどうなるのか。日本からヨーロッパへ物を運ぶには、アフリカ南端の喜望峰《きぼうほう》をぐるっと回る必要があります。日本はヨーロッパに大量に自動車などを輸出しているわけですから、喜望峰回りとなると燃料代もかさみますし、乗組員の給料も余計に払わなければなりません。船のチャーター代も億単位で増えていきます。**日本からヨーロッパへの輸出、あるいはヨーロッパから日本への輸入コストが高くなれば、商品の値段も上がります。**

イエメンのフーシ派は、ついこの前までは隣のスンニ派の大国・サウジアラビアを攻撃していたのです。サウジアラビアの石油精製工場をドローンの攻撃で破壊する。こういうことが起きるたびに石油の値段が跳ね上がります。

中東の問題は、日本にも大きな影響があるのだということです。第3章では、さまざまな思惑が絡み合い生まれた中東問題について、詳しく解説していきます。

■全世界の目がウクライナから中東へ

イスラエルによるガザへの攻撃が激化すると、ロシアとウクライナの戦争がほとんどニュースにならなくなりました。

ユーラシア・グループは、**リスクの3番目に「ウクライナ分割」**をあげています。レポートによれば、「ロシアは現在、戦場での主導権を握っており、物的にも優位に立っている。今年（2024年）さらに土地を獲得するかもしれない。2024年は戦争の転換点となる」（前出）。

ウクライナがロシアに対して善戦できたのは、アメリカの支援があったからです。しかし、全世界の目はウクライナから中東へと移り、アメリカ国内でもウクライナへの支援を止《や》めろという声があります。

ユーラシア・グループは**「ウクライナは今年（2024年）、事実上分割される」**と断言していますが、どう分割されるのか。大部分をロシアが併合し、一部はポーランドのものになるとの見方もあります。ロシアはウクライナを弱体化させたいのです。

そもそもロシアは、**ウクライナ東部のロシア系住民を守るため**といって戦争を始めました。ウクライナのほかにも、**同じような状況にある国があります。それがモルドバです。**

2023年末、テレビ東京の番組取材でモルドバを訪ねました。ここはウクライナとロシアの関係に酷似しているのです。詳しくは、これも後ほど。

■プーチン大統領のライバル、ナワリヌイ氏が不審死

ロシアでは2024年3月に大統領選挙が行われ、**現職のウラジーミル・プーチン大統領が通算5期目の当選を果たしました。**これは「選挙ではなく、儀式」と揶揄《やゆ》する人もいます。なぜならロシアでは、事実上プーチンの対抗馬は認められないからです。有力な対抗馬は、事件をでっち上げられて逮捕されたり、突然、殺されたりするのです。

実際、刑務所に収監されていたロシアの反政権運動指導者アレクセイ・ナワリヌイ氏

は、極寒のシベリアの地の刑務所に収監され、極寒の中を散歩させられた後に意識を失い、死亡しました。ナワリヌイ氏が選挙に出れば、相当票を取ったろうといわれていました。

ちなみに、ユーラシア・グループの**5番目のリスクは「ならず者国家の枢軸」**です。

「ロシア、北朝鮮、イランという世界で最も強力なならず者国家3カ国は、2022年2月にロシアがウクライナに侵攻して以来、協力関係の強化に努めてきた。（中略）彼らは今日の地政学的秩序を混乱させる存在であり、既存の制度やそれを支える政府や原則を弱体化させようと躍起になっている」（前出）

プーチンのロシアの世界戦略のため、また新たな火種が生まれるのでしょうか。ロシアについては、第2章で見ていきましょう。

■台湾総統選挙、民進党の勝利でどうなる？

アジアに目を向けると、われわれ日本に住む者にとって気になるのは**「台湾《たいわん》有事はあ**

るのか」ということですね。

中国は、「台湾は中国の一部だ」とずっと主張しています。でも台湾には、「われわれは台湾人であり、中国人ではない。中国から独立を果たしたい」と思っている人もいます。双方のぶつかり合いともいえる台湾の総統選挙が2024年1月13日に行われ、与党・民主進歩党（民進党）の頼清徳《らいせいとく》が勝利しました。

台湾総統の選挙は4年に1度行われます。台湾の「中華民国憲法」の規定では、「総統と副総裁の任期は4年、再選は1度」となっていて、2期目の現職だった蔡英文《さいえいぶん》は今回は選挙に立候補できませんでした。

過去の結果を振り返ってみると、1996年に総統の直接選挙が始まってから、
1996年＝李登輝《りとうき》（国民党）→2000年＝陳水扁《ちんすいへん》（民進党）→2004年＝陳水扁（民進党）→2008年＝馬英九《ばえいきゅう》（国民党）→2012年＝馬英九（国民党）→2016年＝蔡英文（民進党）→2020年＝蔡英文（民進党）→2024年＝頼清徳（民進党）。
8年間を超えて同じ政党による長期政権になるのは、今回が初めてです。

台湾は2大政党です。大雑把にいえば、「中国国民党（国民党）」というのは蒋介石《しょうかいせき》と

ともに台湾に逃げてきた中国大陸出身者の人たちの党。最初は「われわれこそが中国の正当な支配者だ」として大陸の中国共産党とは敵対していたのですが、ここ最近はずっと中国との関係を重視していこうという考え方になっています。

一方の「民進党」は、もともと台湾（1895年から1945年までは日本が統治していた）に住んでいた人たちの党。中国からの独立を志向し、中国共産党とは距離を置いています。

今回の選挙では、**「台湾のトップは、やっぱり中国と距離を置く人がいい」という判断が勝った**ということです。

しかし、アメリカのバイデン大統領は、民進党の頼清徳が当選したことを祝福しつつも「台湾独立は支持しない」と述べました。やはりアメリカにとって、中国との関係の安定化は重要なことなのです。

日本は台湾とどう向き合っていくべきなのか。

■不動産バブルがはじけ、「日本化」する中国

中国は、いずれGDP（国内総生産）でアメリカを抜いて世界一の経済大国になるだろうと予測されていましたが、もうそれは望めなくなってきました。日本は失われた30年になりましたが、**中国もまさに不動産バブルがはじけ、「失われた30年の入り口ではないか」といわれています。**

中国の人口は14億人なのに、30億人が住めるだけの住宅が余っているといいます。なぜこんなことになってしまったのでしょうか。

中国には日本の都道府県に該当する「省」があり、**中央政府がそれぞれ「GDPを上げる努力をしろ」と全国の省を競わせます。**地方政府の幹部たちは自分たちの成績を上げるため、「大都会のような優雅な暮らしができる」という謳《うた》い文句でマンション建設を進めてきました。

中国の土地は国有ですから、その土地の上にどんどん民間業者にマンションを建てさ

せました。マンション建設が進めば、建設資材は飛ぶように売れ、それがGDPを押し上げます。自分の省でGDPを上げることができれば、地方の省ではなく、中央の共産党へ行ける道が開けます。

ところが、中央政府は「不動産が高くなって買えなくなった」という国民の不満の声を受けて、「マンションの価格が高騰し過ぎた。共同富裕のためにも平等でなければならない。不動産取引に金を貸すな」と銀行に迫りました。その結果、銀行は融資を中止。中国各地でマンションなどの建設が相次いで中断してしまい、放置されているのです。

この状況、過去の日本にそっくりだと思いませんか？

急速に不況に陥りつつある中国。ユーラシア・グループは**「回復しない中国」を2024年10大リスクの6番目にあげています。**

習近平《しゅうきんぺい》国家主席の激しい締め付けによって、消えてしまった中国の「アニマル・スピリット（野性的意欲）」。**中国は過去最高の失業率で、多くの若者は大学を出ても就職先がありません。**就職しようとしない若者を以前は「寝そべり族」と呼んでいましたが、最近は就職口がない大卒の子どもが家事をして親から給料をもらう「専業子ども」も増

バブル崩壊、日本化する中国の失速

えているとか。

日本では、中年になっても実家の子ども部屋で暮らす「子ども部屋おじさん」が増えているという話もあるようですが、これも中国の未来の姿なのでしょうか。

中国経済が復活しないと、世界経済には大きなリスクとなります。これまで経済を牽《けん》引《いん》してきたのに失速してしまった中国については、第4章で取り上げます。

■4年ぶりの強力なエルニーニョ現象で異常気象に？

ユーラシア・グループが発表した「2024年10大リスク」の中で意外だったのが、**9番目の「エルニーニョ再来」**です。「異常気象」ならまだしも、「エルニーニョ再来」がリスクとは、いったいどういうことでしょうか。

エルニーニョとエルニーニョ現象とは違うものです。

エルニーニョとは、ペルー沖の太平洋の海水温が上がることをいいます。赤道付近の東の風（貿易風）が12月ごろになると弱まって、温かい海水が溜《た》まります。すると水蒸気がどんどんできて上に雲ができ、ペルーあたりに恵みの雨が降るのです。海水温が高いものだから、周りに魚もたくさん集まって来て豊漁になる。これは「クリスマスプレゼントだ」ということで、エルニーニョと名付けられました。エルニーニョはスペイン語で「男の子」を意味しますが、要するにイエス・キリストのことなのです。

通常ですと、温かい海水は東風に押される形で西太平洋まで移動します。西太平洋の海水が温かくなるから水蒸気となってどんどん蒸発し、それが上へ昇ってすっかり乾燥し、日本のあたりに高気圧として降りてくる。だから日本の夏は暑くなるのです。

ところが**エルニーニョ現象が起きると、ペルー沖だけに温かい海水が留《とど》まるので、日本の夏は冷夏になります。ということは、農作物の出来が悪く、米不足になるかもしれません。**

ユーラシア・グループによれば、「エルニーニョは世界の大部分に影響を及ぼすが、最も大きな打撃を受けるのはインド太平洋、中南米、アフリカ南部の国々だろう。南アジア、東南アジア、中米、南米北部、オーストラリアはすべて、乾燥期間が長期化し、記録的な高温となり、異常に深刻で広範な干ばつが発生する可能性が高まる」（前出）。

日本は主にアメリカとカナダから小麦を輸入しています。今年（2024年）エルニーニョ現象が起きると、日本は冷夏で米があまり収穫できない上に、アメリカやカナダでは小麦の出来が悪い……、となると**食料品が大きく値上がりするリスク**があります。このように考えると、日本人も他人事《ひとごと》ではないのです。異常気象をはじめ世界を脅かす大問題は、第5章で解説します。

■見える化で、膿を出し切れるか日本

さて、日本はどうか。日本は2024年元日に能登《のと》半島で大きな地震がありました。経済は長期に及ぶ停滞で、名目GDPでドイツに抜かれて世界4位に転落しました。失われた30年の原因はいろいろあります。昔、日本企業は強かったですね。戦後の日本は高度経済成長を遂げ「ジャパン・アズ・ナンバーワン」といわれました。そこに胡坐《あぐら》をかいて、世界が求めるものをつくれなかったのも一因でしょう。もはや「ジャパン・ワズ・ナンバーワン」です。

「ものづくり大国」という言葉を勘違いして、技術力さえあればなんとかなる、何でも売れると世界のニーズを無視してしまった。以前はどこの国へ行ってもソニーや東芝などのテレビを見かけたのに、いまではすっかり韓国のサムスン電子かLGエレクトロニクスです。

家電芸人に言わせれば、「シャープのほうがすごい。はるかに美しい」のだそうですが、私が見てもその差はほとんどわかりません。まして外国の人にしてみれば、サムスンやLGレベルできれいに見えて、安ければ十分なのです。

また、日本企業を見ていて思うのは、大きな会社になるほど、それこそアニマル・スピリットを失い、守りの姿勢になっています。**新たな冒険をすることをためらうのです。**よく、上司が「何かあったらどうするんだ」と言うでしょう。この言葉が、どれだけ日本のいろいろな企業の発展を妨げてきたかと思います。

たとえばロボット掃除機の「ルンバ」という商品がありますね。あの仕組みは日本メーカーも開発をしていて、世界初のロボット掃除機に迫っていたと言われます。ところが、「家を留守にするときに動かしておけば、帰るまでに家を掃除してくれますよ」と言ったら、「そんなの、どこかに引っかかって火事にでもなったらどうするんだ！」。日本人が言いそうでしょう。

あるいは日本は、完成品になってから初めて世に出そうとする。でも、アメリカや中国の企業は、とりあえず出してみて、欠陥があったり問題があったりすればその都度改良すればいいという考え方です。日本は「不良品だと言われたらどうするんだ」と、**常に完璧《かんぺき》を目指します。**また消費者もすぐ、「これ、欠陥品だ」と文句を言うんですね。それでは立ち遅れるだろうと思います。

そうこうしているうちに海外メーカーに抜かれ、経営が苦しくなって、挙げ句、ダイハツ工業やビッグモーターのような不正問題を起こす。

でも考えてみれば、問題が明るみに出たのは内部通報制度ができたからですよね。**何十年も隠されていたことが、見える化したことで表に出てきた。**旧ジャニーズ事務所問題にしてもそうです。宝塚もそうだったのかもしれません。しかし、**最も膿《うみ》を出さなければならないのは日本の政界ですね。**

これを機に変えられるのか。課題山積の日本については第6章で解説します。

■2024年は世界のターニングポイント

こうして見ていくと、世界に問題のない国などないといえるのですが、ユーラシア・グループの10大リスクの10番目には、再びアメリカが入っています。

「分断化が進むアメリカでビジネス展開する企業のリスク」というものです。**分断がどうビジネスに影響を及ぼすのか。**

たとえば、フロリダ州は、公立学校で小学校3年生までは教室で性的指向や性自認について触れることを禁止する法律を制定しました。この州法は反対派からは通称「ゲイと言ってはいけない法」とも言われていますが、さらに2023年には、規制対象を高校までに拡大することをフロリダ州教育委員会が承認しています。

この州法をウォルト・ディズニー・カンパニー（ディズニー）のトップが批判すると、報復として同州の共和党知事はディズニーに対する税の優遇措置を停止しました。

また、トランスジェンダーのインフルエンサーが、インスタグラムでビールのバドライト（アルコール分が少ないバドワイザー）を宣伝したところ、白人の保守派が「トランスジェンダーが宣伝するバドライトなんて飲むのを止めよう」と、バドライトの不買運動を展開しました。

バドライトは、肉体労働をしている白人が大好きなビールというイメージです。彼らが不買運動をした結果、バドライトの売上が激減し、幹部2人が休職に追い込まれました。

「LGBTQの権利や教育政策（中略）など、さまざまな問題で共和党（が強い）州と民主党（が強い）州がますます対立し、企業がすべての州で事業を展開するためのコストが高くなっている」（前出）

というわけで、アメリカの民主主義はどこへ行くのか。**自由の国アメリカの民主主義がいまピンチに立たされています。**そして**2024年のアメリカ大統領選挙の結果は、これからの世界情勢を左右するものなのです。**

そんな注目すべきアメリカの現状から、見ていくことにしましょう。

第1章　「赤いアメリカ」VS.「青いアメリカ」

■日本人には理解しづらいアメリカの選挙制度

2024年は世界的な選挙イヤーです。1月の台湾をはじめ、世界情勢に大きな影響を与える国や地域で、選挙が相次いで行われています。

中でも注目されるのは、アメリカの大統領選挙でしょう。

アメリカ大統領選挙は実に長丁場です。本選は11月ですが、すでに2024年1月から各州で「予備選挙」が始まりました。

アメリカは典型的な2大政党制の国で、共和党と民主党が圧倒的な力を持っています（1852年以降の大統領はすべて共和党か民主党から出ています）。そのため大統領は、常にそのいずれかの党に所属してきました。

このうち「民主党」は、いわゆる「リベラル政党」。シンボルカラーは「青」で、現職のジョー・バイデン大統領は民主党です。対する「共和党」は「保守政党」で、シンボルカラーは「赤」。ドナルド・トランプ前大統領は共和党です。

アメリカ大統領選挙のしくみについては過去にも解説していますが、ニュースをよく理解するために、ここで復習をしておきましょう。

まず、アメリカ大統領を決める選挙の投開票日は4年ごと（たまたまオリンピック開催年と同じ年）の**「11月の第1月曜の翌日」**と決められています。2024年は11月5日がその日に当たります。前回の2020年は11月3日でした。

日本の場合、投票日は日曜日ですね。別に決められているわけではありませんが、「日曜日なら投票に行きやすいだろう」ということで、選挙のたびに選挙管理委員会が投票日を決めています。

アメリカの大統領選挙を複雑怪奇に感じるのは、建国当初のやり方をずっと変えずに続けているからでしょう。IT（情報技術）先進国なのに、超アナログなのです。投開票日が11月の第1月曜の翌日と決められたのにも理由があります。

アメリカはもともと農業国ですから、選挙は農閑期がいいということになったのですね。10月に収穫が終わり、12月には冬支度に入るため、「11月の初頭がベストだろう」ということに。ただし、キリスト教徒にとって日曜日は、安息日で教会にお祈りに行く日です。午前中は教会へ行き、午後は聖書を読んで静かに過ごします。それなら、「11月の最初の月曜日」でもよかったのではと思いますが、それでは都合が悪かったのです。

アメリカという国ができたばかりの頃、交通手段は馬車に限られていました。投票に行くには前日の日曜日に出なければならない地域もありました。出かけるのが月曜日だと、到着は火曜日になる。

だったら、「11月に入って最初の火曜日」ではどうでしょう。でも、そうすると11月1日になる可能性も出てきます。11月1日はキリスト教の「諸聖人の日」です。「11月1日ではない火曜日にしたい」ということで、「11月の第1月曜の翌日」という奇妙な日程になったというわけです。

アメリカが、いかに強固なキリスト教の国として成り立っているかがわかるでしょう。

■予備選挙で党代表が絞り込まれていく

アメリカ大統領選挙のプロセスは、大きく2段階に分かれています。第1段階では、州ごとに民主党、共和党それぞれ大統領候補を決めます。赤と青で戦う前に、まず「赤組代表」と「青組代表」を選ぶイメージです。

まず、各州の人口に応じて「代議員」の数があらかじめ割り振られています。代議員とは、「私はこの候補者を支持します」と事前に表明して、実際に夏に行われる「党全国大会」（共和党が7月、オリンピックを挟んで民主党が8月）に出席する人のこと。**予備選挙とは、いってみればこの〝代議員獲得合戦〟**なのです。

やり方は2種類あって、1つは「予備選挙」です。これは通常の選挙と同じように、党員が投票所へ行き、支持する人に投票します。

もう1つが「党員集会」です。党員が学校の体育館や公民館などに集まって、話し合って決めます。みんなが意見を寄せ合うという実に素朴で、まるで学級会のようです。私も過去に3回取材しましたが、「アメリカ民主主義の原点ここにあり」と思いました。

でも、党員集会は夜に開かれ、拘束時間が長くてとにかく手間ひまがかかるので、予備選挙に変更する州が増えています。日程やどちらの形式を選ぶかは、各州で決めることになっています。

候補者たちは、各州の予備選挙と党員集会の結果に基づいて、「代議員」を獲得していきます。**予備選挙・党員集会が多くの州で行われる3月初旬の火曜日は、「スーパーチューズデー」と呼ばれます。**1日で大量の代議員を獲得することができる日なので、この日に事実上、候補者が決まることが多くなります。

途中で資金が底をつく、または、勝ち目がないと思った候補者はどんどん撤退していきます。

今回の共和党候補選びはトランプが最初からあまりに大量の代議員を獲得したので、注目されていたフロリダ州知事のロン・デサンティスも、ヴィヴェック・ラマスワミも、スーパーチューズデーの結果を待つことなく早々と撤退を決めました。最後まで残ったニッキー・ヘイリーもスーパーチューズデーを経て撤退を表明しました。

予備選挙とはまさに「生き残りゲーム」。代議員を得票数に応じて比例配分する州もあれば、最も多く得票した候補者が州の代議員を全て獲得する「勝者総取り」の州もあります。全州で代議員が決定すれば、この代議員が党全国大会で候補者に投票します。

全代議員の過半数を獲得した候補者が、各党の大統領候補に指名されるしくみです。

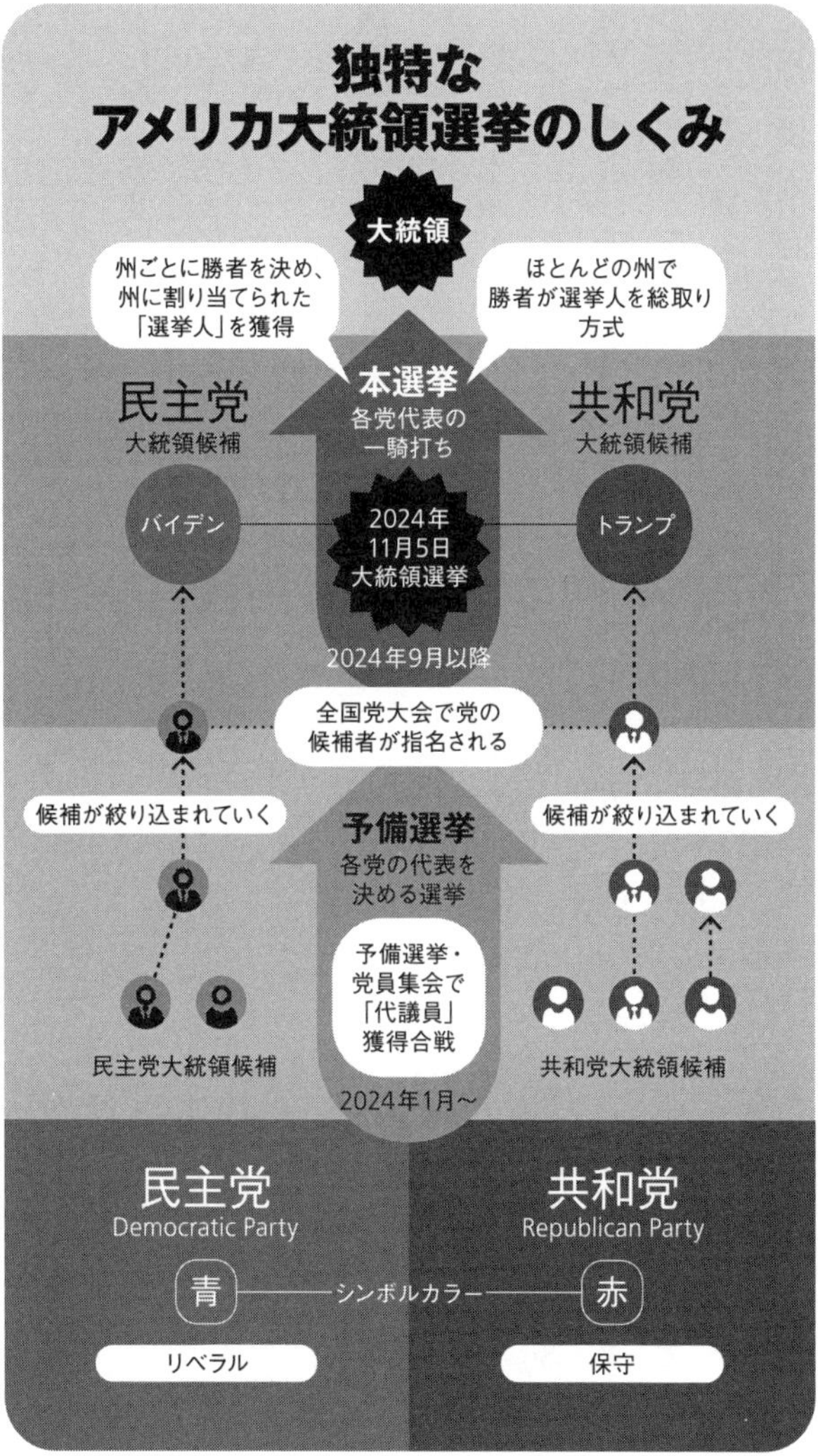
独特な
アメリカ大統領選挙のしくみ
大統領
州ごとに勝者を決め、州に割り当てられた「選挙人」を獲得
ほとんどの州で勝者が選挙人を総取り方式
本選挙
各党代表の一騎打ち
民主党
大統領候補
共和党
大統領候補
バイデン
2024年11月5日大統領選挙
トランプ
2024年9月以降
全国党大会で党の候補者が指名される
候補が絞り込まれていく
予備選挙
各党の代表を決める選挙
候補が絞り込まれていく
予備選挙・党員集会で「代議員」獲得合戦
民主党大統領候補
共和党大統領候補
2024年1月～
民主党
Democratic Party
共和党
Republican Party
青
シンボルカラー
赤
リベラル
保守

今回の選挙戦では、候補者が早々と共和党はトランプに、そして民主党もバイデンに実質的に決まりました。**2020年の大統領選挙と同じ候補者が再び大統領の座を争うことになります。**

9月以降は、両党に指名された候補の討論会が行われ、選挙戦は第2ステージへと進みます。

■アメリカは「選挙人」による間接選挙

11月の本選挙では、いよいよ各党の代表同士による一騎打ちとなります。

本選挙も、有権者が候補者に直接投票するのではなく、**今度は大統領に投票する「選挙人」を選びます。**選挙人も各州の人口に応じて、人数が割り当てられています。

なぜ選挙人を選ぶのか。これも、アメリカ建国当初の事情が関係しています。アメリカができた頃は読み書きができる人が少なかったのですね。そこで読み書きができる人に大統領を選んでもらおうと、まずは「私は確かにこの候補者の名前を書きますよ」と誓った選挙人（有権者の代表）を選ぶしくみができました。

ただし、いまはすっかり形骸《けいがい》化していて、それぞれの政党が、州ごとにあらかじめ選挙人を決め、各陣営が「この人が選挙人です」という選挙人団のリストを提出しておきます。本選では、全米50州＋首都ワシントンD.C.に割り振られた計538人の選挙人の数を競うのです。

今回、最も選挙人の数が多いのはカリフォルニア州の54人で、次にテキサス州の40人、フロリダ州の30人が続きます。

逆に最少は、ワイオミング州やノース・ダコタ州、アラスカ州など6州と首都ワシントンD.C.の3人です（2020年大統領選挙から13州で選挙人の数が変更された）。

過半数の270人以上を獲得した候補者が大統領の座を射止めることになります。

単純に全米で得票数の多い候補が勝者となるわけではないのが、アメリカ大統領選挙の不思議な点ですね。

投票結果は州ごとに集計されるのですが、ほとんどの州では相手より1票でも多く票を得票した候補が、その州の選挙人全員を獲得できます。これを**「勝者総取り方式」**といいます（得票率で選挙人を配分する州は、メイン州とネブラスカ州の2州のみ）。

この勝者総取り方式だと、**人口が多い（選挙人が多い）州で勝利すると、一発逆転もあるということ**なのです。

実際、2016年には、民主党のヒラリー・クリントン候補がトランプ候補よりも300万票近く多くの票を獲得したのに、クリントン候補よりも多くの「選挙人」を獲得したトランプ候補が第45代大統領となりました。

■結局は「接戦州でどちらが勝つか」

出馬表明から計算すれば、約1年半がかりのアメリカ大統領選挙。

ただ、ほとんどの州は伝統的に勝つ政党が決まっています。アメリカは共和党が強い州と民主党が強い州に分かれていて、どちらが勝つか投票前から結果が明らかな州が多いのです。

具体的には、移民が多いカリフォルニア州やニューヨーク州、マサチューセッツ州は伝統的に民主党の牙城《がじょう》です。シンボルカラーが青なので、**「ブルー・ステート（青い州）」**と呼ばれます。共和党はアラスカ州や中西部で伝統的に強く、シンボルカラーが赤なので、こちらは**「レッド・ステート（赤い州）」**と呼ばれます。

支持層別でいえば、バイデンの民主党を支持するのは、女性や黒人、ラティーノ（ラテン系の、という意味。以前はスペイン語を話す人という意味のヒスパニックと呼ばれていた）、アラブ系、一部のユダヤ系、性的少数者など。対して、トランプの共和党を支持するのは白人至上主義やキリスト教福音派の信者。彼らは「岩盤支持層」といわれます。

勝敗のカギを握るのは、支持者の人口構成によって**民主、共和両党の支持率が拮抗《きっこう》する「スイング・ステート（接戦州）」**です。つまり、接戦州でどちらに転ぶかなのです。

２０２４年の接戦州は、アリゾナ州（選挙人数11人）、ジョージア州（16人）、ミシガン州（15人）、ネバダ州（6人）、ペンシルベニア州（19人）、ウィスコンシン州（10人）、ノースカロライナ州（16人）の7州といわれています。ここでの勝利を手にするために、**候補者は接戦州に選挙活動を集中させます。**

バイデンは２０２０年の大統領選挙の際には、ノースカロライナ州を除く6州でトランプを破りました。しかし、『ニューヨーク・タイムズ』とシエナ大学の調査によれば、今回は共和党指名候補となったトランプに勢いがあります。

トランプの岩盤支持層は、2020年の大統領選挙は不正があったと根拠なく主張するトランプの言い分を信じています。**「バイデンに大統領の座を盗まれた」**というわけです。

■アメリカの選挙を左右するユダヤマネー

アメリカは、**共和党も民主党もイスラエル支持です。**私は4年ごとにアメリカ大統領選挙の取材に行っていますが、共和党大会でも民主党大会でも、「アメリカはイスラエルと共にある」と書いたバッジ、あるいは旗を持った人が必ずいます。なにしろ、**全世界のユダヤ人人口の大半は、イスラエルとアメリカに分布しているの**です。

たとえば、トランプ前大統領の娘婿は、「ジャレッド（・クシュナー）」という名前ですね。これは旧約聖書の『創世記』に登場する人物の名前です。アメリカの有力な投資銀行に、「ゴールドマン・サックス」がありますが、ゴールドマンというのは典型的なユダヤ人の名前ですし、倒産してしまった「リーマン・ブラザーズ」のリーマンもそうです。

ヨーロッパのキリスト教社会で差別を受けたユダヤ人は、新天地アメリカへ逃れました。しかし、アメリカはもともとキリスト教の国としてできたわけですから、**アメリカでも差別を受けます。**なかなか職にも就けない。ヨーロッパでは多くの人が嫌った金融業でしか働くことができず、そこで成功していました。アメリカに来ても金融業で成功し、ウォール街でのし上がったわけです。

また、西海岸へ行ったユダヤ人は、まったく新しい産業をつくり出しました。ハリウッドの映画産業がそうです。映画監督のスティーブン・スピルバーグなどはその典型。彼の代表作には『シンドラーのリスト』がありますね。ナチスによるユダヤ人大虐殺から多くの命を救った、ドイツ人実業家オスカー・シンドラーを描いた実話映画です。監督や脚本家だけでなく、俳優にもユダヤ人が多く、誰もが知るハリソン・フォードもユダヤ人です。

グーグル共同創業者のラリー・ペイジや、フェイスブック（現メタ）共同創業者のマーク・ザッカーバーグなど、世界的なＩＴ企業の創立者もいます。

アメリカのユダヤ人もいろいろで、決して一枚岩ではないのですが、中には、「なんとしてもイスラエルを助けなければ」と考える人もいます。そのためには軍事大国アメリカを動かしてイスラエルを支援すること、というわけで、一般的なユダヤ系アメリカ人は民主党支持者が多いのですが、**アメリカで成功したユダヤ人は民主党と共和党の両方に、莫大《ばくだい》な政治献金をしています。**

■キリスト教徒がなぜユダヤ教徒を支持？

その一方で、**アメリカの人口の４分の１を占めているキリスト教福音派は共和党支持で、イスラエル支持です。**

普通に考えれば、イエスを十字架にかけたユダヤ人は許せない存在なのではと思いますが、旧約聖書には、神様がユダヤ人にカナンの地、つまり約束の地を与えたと書いてあるではないか。神様から与えられた土地をユダヤ人が守ってこそ、やがてイエスがエルサレムに再臨できるのだと考えます。だから「イスラエルを支持しなければ」となるのです。

トランプは、福音派の支持があって2016年の大統領選挙に当選できました。娘も娘婿もユダヤ人ですから、当然ユダヤ寄りとなります。**テルアビブにあったアメリカ大使館をエルサレムに移したのも、トランプ前政権時代でした。**

ただし今回、ハマスの攻撃を受けてイスラエルが報復をした際は、トランプはイスラエルのベンヤミン・ネタニヤフ首相を非難し、共和党内で反発が広がりました。

2020年の大統領選挙でバイデンが勝利したとき、負けたトランプは「本当は自分が勝っていた。選挙が盗まれた」と抗議して結果を受け入れなかったのに、ネタニヤフ首相がいち早くツイッターでバイデンに「大統領当選」の祝意を表明した。トランプはいまもそれを根に持っているのですね。

「イスラエルは支持するが、ネタニヤフは嫌い」というわけです。

■アメリカとイスラエルの〝特別な関係〟

2023年10月7日、イスラエルがパレスチナのガザ地区を実効支配する「ハマス」による攻撃を受けたことを知ると、その翌日、バイデン大統領は急きょ演説に臨み、「アメリカはイスラエルと共にある」とハマスを非難しました。

東西冷戦時代、アラブ諸国に接近したソ連（ソビエト社会主義共和国連邦）に対抗するため、アメリカは中東で唯一「民主主義」を掲げるイスラエルに軍事支援や財政支援をしました。あるいは1979年、それまで親米国家だったイランが、イラン・イスラム革命によって「反米国家」となると、イランは両国にとって「共通の敵」となりました。**アメリカにとって、イスラエルは中東における最大の同盟国です。**よって、イスラエルがハマスから奇襲攻撃を受けると、すぐに「イスラエル支持」を表明したのです。

今回のアメリカ大統領選挙では、最初の段階は拮抗か、バイデンがトランプを少し上回っていました。ところが、このイスラエルとハマスの軍事衝突が流れを変えました。

前回のアメリカ大統領選挙でバイデンの民主党が勝利する原動力となったのは、女性や、黒人、ラティーノ、アラブ系（ミシガン州に多い）、性的少数者などのマイノリティや若者（Z世代）です。国際感覚を持つZ世代の多くは、「トランプは嫌だから」と、前回はバイデンに投票しました。

ところが、SNS（ソーシャル・ネットワーキング・サービス）でガザの悲惨な映像が入ってくると、「大量虐殺じゃないか」と、**パレスチナに同情する若者が増えていきました。**罪のない子どもたちが泣き叫んだりケガをしたりしているのを見て、「イスラエルを無条件に支持するとはどういうことだ」と、バイデンに幻滅したのです。

イスラエルのやり方は酷《ひど》いじゃないか、でもそれを全面的に支援しているアメリカも酷い。バイデンが選挙運動であちこち行くと、バイデンを支持していた若者が今回は集会でバイデンを、「人殺し！」とヤジったりしています。

彼らは、**11月の大統領選挙でバイデンに投票したくない。でも、そもそもトランプに投票する気持ちもありません。おそらく棄権するでしょう。**

トランプには、白人至上主義者や福音派といった**岩盤支持層が投票する**ので、影響を受けません。でも、バイデンの票は激減する。

今回の選挙は、バイデンのほうが難しくなったのです。前回の大統領選の流れを決した若者が自分に反発していることに気付き、バイデンは「イスラエルは世界で支持を失いつつある」と述べ、慌てて軌道修正を始めました。**ガザの情勢が、民主党の票を割ってしまった**といえます。

トランプ前大統領は、政権担当時、パレスチナ難民支援を止めてしまいました。イスラエル建国によって起こった1948年の第1次中東戦争の後、難民となったパレスチナ人を救済するため、「国連（国際連合）パレスチナ難民救済事業機関（UNRWA＝ウンルワ）」が設置されました。それまでアメリカはウンルワの運営資金の3割を拠出していたのですが、トランプ政権時代に完全に停止してしまったのです。

最大の支援国を失ってウンルワは大ピンチ。日本やEU（欧州連合）などがお金を出して、アメリカの穴埋めをしていました。**バイデン政権になって、停止していた支援を再び元に戻した**という事実もあります。

■アメリカは「自由の国」ではなかったのか？

ガザの惨状を知ると、アメリカのコロンビア大学やハーバード大学など、名門大学の一部学生は、「イスラエルがやっていることは許されない」と、**パレスチナへの支持を表明してデモや集会を行いました。**

ヨーロッパの若者たちは、自分たちの祖先がユダヤ人を迫害したという贖罪《しょくざい》意識もあるでしょうが、アメリカの若者たちにはなんの関係もありません。

でも、アメリカの大学はほとんどが私立大学です。州立大学は存在しますが、国立大学は存在しません。アメリカは「寄付文化」といわれます。アメリカの大学は大部分が富豪たちによる寄付によって運営されています。その多くは、成功したＯＢからきています。**それも政財界で活躍するユダヤ系が多いのです。**

学生たちがデモを行った途端、大学に大口の寄付をしていた大金持ちが「反イスラエルの集会を開かせるような大学に寄付はできない」と、次々に寄付を打ち切りました。

もうバックアップはできないというわけです。

それればかりか、学長が議会の公聴会にまで呼び出されました。証人として出席したペンシルベニア大学、ハーバード大学、マサチューセッツ工科大学（ＭＩＴ）の学長３人が、下院議員から「ユダヤ人のジェノサイド（大量虐殺）を呼びかけることは、あなた方の大学では、いじめや嫌がらせを禁止する学則違反に該当するか」と問われると、各大学の学長はそれぞれ「文脈によります」と答えました。私たちからすれば、当然のことです。

しかし、「反イスラエルの動きをなぜ学内で認めたのか」というのです。大学が、イスラエルによるパレスチナ攻撃を非難する動きを容認したと責められ、ペンシルベニア大学の学長は辞任に追い込まれました。ニューヨークのコロンビア大学でも、反イスラエルの集会が禁止されました。

アメリカは言論の自由、表現の自由がある国、ましてや大学は自由が保障された場所だと思っていたら、**反イスラエル発言で、突然、言論の自由もなくなってしまうということが起きてしまったのです。**

■アメリカはすべての選挙が「小選挙区制」

アメリカには、**「トランプとバイデンのほかに誰かいないのか」**と思っている人は多いでしょうね。民主党と共和党以外の第3党は出てこないのか。

４年に１度の大統領選挙となると、無所属、あるいは他の政党から立候補する人も出てくるのですが、アメリカはすべての選挙が小選挙区制です。小選挙区制とは、１つの選挙区から１人を選ぶというしくみです。**完全小選挙区制は少数政党に不利な制度なのです。**

日本の１人区を考えてみてください。小選挙区制では、選挙区で最も多くの票を獲得した候補者１人が当選します。少し前は、日本も自由民主党（自民党）と民主党の２大政党が力を持っていた時代がありました。１人しか勝てないとなると、日本共産党や社会民主党（社民党）などの少数政党は当選者を出しにくいですよね。だから**日本は、「小選挙区比例代表並立制」という形で比例代表選挙も導入することになったのです。**

少数政党に配慮した形です。

今回のアメリカ大統領選挙には、ロバート・F・ケネディ・ジュニアが無所属で立候補しています。あのジョン・F・ケネディ元大統領の甥《おい》にあたりますから、知名度は抜群です。

当初は、民主党の候補者指名争いに名乗りを上げましたが一転、「2大政党からの独立を宣言する」と無所属での立候補となりました。

彼はもともと環境問題に熱心な弁護士でしたが、メディアには「陰謀論者」として扱われています。〝反ワクチン活動家〟として知られ、「新型コロナウイルスは、東ヨーロッパ系のユダヤ人と中国人の子孫を救うため、民族の標的を絞った感染症だ」という説を主張しています。またAP通信によれば、2020年、バイデンが勝利した大統領選挙では「（選挙に）不正があった」とする会合などに参加。民主党から名乗りを上げていたけれど、トランプ寄りの言動もあり、親族からは「恥」と非難されています。「ケネディブランド」がありますが、当選は無理でしょう。

■無所属では投票用紙に名前が載らない？

　さらに、アメリカ大統領選挙では**無所属だと、投票用紙に名前を載せることも大変な**のです。

　たとえばロバート・F・ケネディ・ジュニアのような無所属候補の場合、州の規模にもよりますが州ごとに数万人の署名（推薦人）が必要となります。50もの州でこれだけの署名を集めるのは容易なことではありません。いくつかの州で投票用紙に自分の名前を載せてもらうことはできても、50というのは難しい。アメリカは完全小選挙区制ですから、**最終的には全国区の主要政党である民主党と共和党の戦いになる**のです。

　ただ、1992年の大統領選挙、ビル・クリントン（民主党）とパパ・ブッシュのジョージ・H・W・ブッシュ（共和党）が戦ったときは、ヘンリー・ロス・ペローというテキサス州出身の資産家が金に飽《あ》かして全米で有権者の支持を集め、無所属でも立候補できました。結果的にロス・ペローが保守票を獲得したため、現職のブッシュが負けてクリントンが当選したということがあります。

また、2000年の大統領選挙では、共和党のジョージ・W・ブッシュ（息子のブッシュ）が民主党のアル・ゴアを破って当選を果たしたのですが、「緑の党」から立候補した消費者運動家のラルフ・ネーダーが、環境問題に熱心に取り組んでいたアル・ゴアの票をだいぶ食ったため、選挙結果をひっくり返したといわれています。

彼は「立候補したら、ブッシュが当選してしまうぞ」と忠告されていたにもかかわらず立候補をやめず、「よほど共和党から金をもらっているんじゃないか」という疑惑をかけられたほどです。

■大統領選挙の争点、共和党は「不法移民対策」

2024年アメリカ大統領選挙の争点は、ズバリ**「不法移民対策」**と**「人工妊娠中絶問題」**でしょう。

イギリスBBCの報道によればアメリカには2021年以降、これまでに630万人以上の移民が不法入国しているといいます。バイデン政権はこれまで「移民をもっと受け入れるべきだ」と主張してきました。

2024年2月13日、**アメリカの下院は、「国土安全保障長官を弾劾訴追すべきだ」という決議案を可決**しました。つまり、クビにしろというわけです。下院は、共和党が多数派です。

しかし民主党が優勢の上院は、4月17日、弾劾訴追を却下しました。それにしても政府の閣僚が弾劾裁判にかけられるのは150年ぶりとか。めったにないことなのです。

これは、**共和党が移民問題を11月の大統領選挙の争点にしようとしている**ということです。

いまアメリカにはメキシコ国境から毎年前例のない人数の不法移民が押し寄せ、治安の悪化など、さまざまな問題が起きています。これは、「国土安全保障長官が国境をきちんと守っていないからだ。国土安全保障長官の責任だ」というのです。その点、**トランプならきちんと国境に軍隊を配備して、不法移民が入ってこないよう国境警備に注力するぞ、と。**

大量の不法移民がなだれ込んでいるのは主にテキサス州とフロリダ州。テキサス州のグレッグ・アボット知事（共和党）は、「トランプはメキシコからの不法移民を阻止すると言っていたのに、バイデン政権は不法移民対策をやっていない。お前らで責任を取れ」と、２０２２年からワシントンD.C.やニューヨーク市に多数のバスで不法移民を送り込みはじめました。カマラ・ハリス副大統領の公邸近くまでバスで乗り付けて、「さあハリス、なんとかしろ」と、そこで不法移民を放り出すことまでしたのです。わかりやすい〝嫌がらせ〟です。

ニューヨーク市のエリック・アダムス市長（民主党）は、ホテルを次々に借り上げて不法移民受け入れ施設（通称シェルター）にしました。ちょうどコロナ禍でホテルがガラガラだったため、ニューヨーク市が借り上げて、不法移民を受け入れたのです。

不法移民にしてみれば、メキシコやベネズエラなどの中南米では、住む場所もなかったり命の危険すらあったりしたのに、**アメリカへ行けばニューヨークでホテル住まいができるんだと、ますます国境を越えるようになりました。**

結果、ニューヨーク市は、不法移民の受け入れにとてつもないお金がかかり、財政が破綻《はたん》しそうになって、不法移民を輸送した貸し切りバス会社を訴えました。

それまでニューヨークに住む多くの民主党の支持者たちは、テキサス州に対して、「なんで移民を受け入れないんだ」と他人事《ひとごと》のように非難をしていたのですが、実際に移民が大量に入ってくると、宿泊代から何から面倒を見なければならなくなり、負担が自分たちにかかってきた。結果的に、**不法移民を州同士で押し付け合うような形になったのです。**

治安も悪化しました。ニューヨークのタイムズスクエア周辺のホテルもシェルターになっていて、そこで中南米からの不法移民がドラッグの売買を始めたのです。ニューヨーク市警の警察官2人が1人を移動させようとしたら、仲間が十数人で警官に襲いかかり殴る蹴《け》るの暴行をしたのです。防犯カメラに写ったその映像を、アメリカのテレビが大々的に取り上げたことで、不法移民の印象が悪くなります。

結局、数人が逮捕されたのですが、すぐに釈放されました。容疑者はすぐに地方検事に引き渡され、検事は裁判所の裁判官に勾留《こうりゅう》を要求しました。勾留する必要がない場合は保釈金を支払えば保釈されるのですが、検事は勾留請求をしたのです。

ところが不法移民だから金がないだろうと、裁判官は保釈金なしで釈放を認めました。警察にしてみれば、骨折り損です。

一方、カリフォルニア州の治安の悪化も深刻です。こちらは万引きによって、ドラッグストアやスーパーマーケットが次々に閉店しています。

カリフォルニア州は、「950ドル（日本円でおよそ14万円）以下の盗みは軽犯罪」としています。軽犯罪ならさっさと釈放すればいいということにしたのです。

その結果、警察は「捕まえたところで、どうせすぐ釈放だろ」とやる気を失い、見て見ぬフリ。万引きやり放題です。

あまりに治安が悪くなり、ウォルマートまでが中心部から撤退し荒廃しています。カリフォルニア州知事は民主党の知事なので、不法移民に寛容で出て行けとは言いません。

トランプは、自分が大統領になれば「入り込んできた不法移民を全員、強制的に国外退去させる」と宣言しています。

「バイデンだからこんなことになったんだ。俺のときを見ろ。不法移民はこんなに入ってこなかったぞ」。それを争点にして、大統領に返り咲こうとしているのですね。

■大統領選挙の争点、民主党は「中絶の是非」

もう1つの争点は、「人工妊娠中絶の是非」です。

アメリカでは１９７３年に、**連邦最高裁判所が「中絶は憲法で認められた女性の権利」とする判断**を下しました。

ところが、このアメリカの憲法を根拠とする過去の判決が、２０２２年6月24日、トランプが送り込んだ最高裁の保守派判事によってひっくり返され、「アメリカの憲法では女性の中絶の権利は保障されない。それぞれの州で決めればいい」ということになったのです。

アメリカの連邦最高裁の判断は、９人の判事の多数決で決まります。現在の顔ぶれは、保守派6人、リベラル派3人。保守派の中にはトランプが任命した3人の判事が含まれています。結果、**現在のアメリカ最高裁は「超保守化」している**のです。

すると、２０２２年の中間選挙では、「連邦議会で共和党が多数を占めると、連邦国家全体で中絶が禁止されてしまうからそれに反対しよう」と民主党が主張。結果的に民主党が善戦しました。下院は共和党が勝利しましたが、わずかな差でした。

その後、カンザス州など、共和党が強い州で「州の憲法を変えて中絶を禁止しよう」という気運が高まったのですが、ことごとく住民投票で負けました。**共和党が圧倒的に強い保守的な州でも、人工妊娠中絶は女性の権利として認めるべきだ**という意見があるのです。

これで、「中絶は女性の権利」という言い方をすると、民主党は票が取れるということがわかった。ハリス副大統領がその担当となって全米を回りながら、「トランプが大統領になったら、女性の中絶が認められなくなる」と訴え続けています。

ところが、トランプは、この動きに脅威を感じたようで、2024年4月になって、「自分が大統領になっても連邦レベルで中絶を禁止することはない。各州が決めることだ」と言い始めました。

つまり**共和党は、「不法移民を何とかしろ」と言い、民主党は、「女性の権利が大事」と言い、それぞれを前面に押し出して、選挙に勝とうとしている**というわけですが、ト

大統領選挙の2大争点に注目！
人工中絶問題
女性の権利
不法移民対策
移民を阻止　国外退去
民主党
バイデン
候補
共和党
トランプ
候補
パレスチナ問題の
対応への不満で
Z世代
が離れる
民主党の主な支持層
東・西海岸部
IT産業・金融業
などの従事者
インテリ
共和党の主な支持層
中西部
保守的な
農業、エネルギー
産業などの従事者
敬虔な
キリスト
教信者

ランプは自分にとって不利になりかねない中絶問題では争点にならないように画策を始めたのです。

■世界は「もしトラ」に備えよ！

アメリカ大統領選挙では、**大統領と副大統領をセットで選びます。**副大統領候補は、大統領候補の弱い部分を補ってくれそうな人を選ぶのが一般的です。

バイデンは、**2024年も現職のハリスを副大統領の候補にすると明言**しました。彼女は支持率が低いので、「ミシェル・オバマ（バラク・オバマ元大統領の妻）なら勝てるのでは」と、一部ではミシェル・オバマ待望論も浮上していたのですが……。

トランプのほうは未定です。とりあえず、**「能力」より「忠誠心」で選ぶ**ことは決まっています。トランプは1期目、自分のやりたいことにブレーキをかけた側近たちを次々にクビにしていきました。それに懲りています。もし当選したら、2期目は1期目にできなかったことをやる、「復讐《ふくしゅう》を遂げるための場」と考えています。

ヘイリーを推す声もありますが、彼女は自ら早々に、「副大統領にはならない」と宣言しました。先にも述べた通り、ヘイリーはトランプ前政権で国連大使に就任し、共和党の候補者選びでトランプ前大統領の対抗馬となった優秀な女性です。

ちなみにトランプ陣営としては、「女性を副大統領候補にしたほうがいい」とか、「黒人を副大統領候補にして、黒人票を集めたほうがいい」とか検討しているようです。バイデンに勝つためには民主党の票を奪わなければなりません。となると白人男性ではダメ。女性か黒人男性というところで、検討が進んでいるのです。

「もしもトランプ前大統領が返り咲いたら」という意味の「もしトラ」はすっかり知られるようになりましたが、**具体的にトランプが大統領になった場合のリスク**を考えてみましょう。

まずは、**「NATO(北大西洋条約機構)から脱退する」可能性があります**。ヨーロッパのことはヨーロッパの国だけでやればいい。なぜアメリカがヨーロッパのために金を出さなきゃならないんだという理由です。

さらに、**北朝鮮の核兵器の保有を認める**。そして、**在韓米軍を撤退させる**。トランプは1期目のとき、在日米軍の駐留経費をもっと日本が負担すべきだと言っていますから、当然、「もっと出せ」と言ってくるでしょう。「出さないなら、日本からアメリカ軍を撤退させる」と脅す可能性もあります。そうなると、中国やロシアに都合のいい状態になってしまいます。

また、当選したら**アメリカが輸入するあらゆる商品に10%の関税をかける**と言っていますから、関税は少なくとも10%は上がります。アメリカへの輸出企業は不利になりますね。

2020年以降の温室効果ガス削減に関する世界的な取り決めを示した**パリ協定から抜けるでしょうから、温暖化は進む**だろうし、**ウクライナは敗戦が確定する**だろうし、**パレスチナは壊滅状態になる**だろうというわけで、**世界が大混乱する恐れがあります。**

一方、バイデンが再選した場合も、リスクがないわけではありません。**「もしバイ」のリスク**も考えてみましょう。

バイデンは現在81歳（2024年11月で82歳に）で、**2期目が終わるころには86歳です。**大統領は激務ですから、健康面が不安視されます。あと、心配されるのが記憶力ですね。

彼は、エジプトのアブデルファタフ・サイード・シシ大統領のことを「メキシコのシシ大統領」と言ったと思ったら、フランスのエマニュエル・マクロン大統領を故人であるフランソワ・ミッテラン元大統領と混同。ドイツのアンゲラ・メルケル前首相のことは、故人のヘルムート・コール元首相と言い間違えていました。

「私の記憶力は確かだ」と言われても、こう頻繁に続くと、大丈夫かなと思ってしまいます。それでも民主党の予備選挙でバイデン大統領はトップを走り、指名候補がバイデンに確定しました。

11月の本選でバイデンが勝てば、トランプが勝利を認めず、また「選挙が盗まれた」と主張するかもしれませんね。そうなれば**アメリカの選挙制度に対する信頼は低下します。「もしバイ」でも分断が深まることに変わりはないでしょう。**

ユーラシア・グループによれば（プロローグ参照）、「アメリカ大統領選挙は、アメリカの政治的分裂を悪化させ、過去150年間経験したことのないほどアメリカの民主主義が脅かされ、国際社会における信頼性を損なうだろう」といいます。

分断が進む中で行われるアメリカ大統領選挙。世界情勢に大きな影響を与えるこの選挙を「よその国のこと」と無関心にならず、ぜひ注目してください。

■4つの裁判をプラスにするトランプ

ほかにも注目点といえば、**トランプが抱える4つの裁判**です。トランプは現在、4件で刑事訴追され、91の罪に問われています。4件の刑事訴追とは、

①2020年の大統領選挙の結果を覆そうとした、連邦議会議事堂襲撃事件を扇動
②元ポルノ女優への口止め料を「弁護士費用」として計上
③退任後に機密文書を持ち出し自宅で不正保管
④2020年の大統領選挙で敗れた際、ジョージア州での敗北の結果を覆すようにとジョージア州の政府に圧力をかけた

以上4件のうち、①と③については連邦法に違反するものなので恩赦ができます。連邦法に関しては、大統領が恩赦の権限を持っているのです。ただし、現職の大統領が自

らに恩赦を与えたという前例はありません。トランプが勝てば、わかりませんが。

でも、②はニューヨーク州、④はジョージア州で起訴されたものです。こちらは州法にからむ事件。「州法犯罪」は州知事が権限を持ち、大統領の恩赦は及びません。

よって、②④**で有罪になった場合は、刑務所に入ることになります。** しかし、たとえ有罪になり刑務所に拘禁されたとしても、政治活動は可能です。**刑務所に入ってそこで大統領としての仕事をする**わけです。

そうすると冗談のような話ですが、大統領には当然シークレットサービスがつきますね。シークレットサービスは大統領の身を守らねばなりません。アメリカは、刑務所内でけっこう殺人事件が起きているのです。トランプが大統領になれば、シークレットサービスを刑務所の中に置くことになるでしょう。

ちなみに、有罪か無罪かは陪審員が決めます。起訴するかどうかの段階は「大陪審」なので多数決。起訴することに反対の人がいても、多数決で起訴はできます。しかし、本番の裁判では**有罪とするには全員一致でなければなりません。** 有罪とする場合は「評決」といって、陪審員が**全員一致の評決が原則です。**

有罪判決はトランプに最もダメージを与えるでしょう。でも、どの州も陪審員を選べば、その中には一定程度、トランプ・ファンが存在する可能性はありますからね。

■アメリカの敵はアメリカ

複数の裁判を抱えているにもかかわらず人気は衰えず、起訴すら追い風にするトランプ。

トランプの勝利をなんとか阻止したいという人たちも負けてはいません。コロラド州の最高裁判所は、２０２４年のアメリカ大統領選挙に向けた州の予備選に立候補する資格がないという判断を示しました。

議会乱入に関与したトランプは大統領になる資格がないので、投票用紙からトランプの名前を除去するよう求める訴訟が、有権者からあったのです。

「国への暴動や反乱に関与した人物は公職に就くことを禁じる」という規定により、州の最高裁判所は、出馬資格を剝奪《はくだつ》しました。

これに対し、トランプはこの州最高裁の判決を不服として連邦最高裁判所に上訴（裁判が確定する前に上級の裁判所に不服を申し立てること）しました。

大統領を決めるということは連邦に関わることです。よって**最終的には連邦最高裁判所が決めるのですが、前述の通り定員9人の最高裁では、9人のうち6人が保守派**ですから、トランプの言い分が認められました。

コロラド州のほかにもメイン州など、トランプ出馬反対の申し立てがあった州は35もありましたが、いずれも認められないことになりました。

見てきたように、**「赤いアメリカ」と「青いアメリカ」の分断が深刻化**しています。

また、トランプは分断を煽《あお》るのが非常に上手《うま》いのですね。**「民主主義のしくみ」が、アメリカの分断を生んでいるとしたら、なんとも皮肉なこと**です。

第2章　終わらない戦争のゆくえ

■2021年12月、アメリカは警鐘を鳴らしていた

2024年に入ってからも、ウクライナ国内では激しい戦闘が続いています。ウクライナが厳しい状況に追い込まれる中、ウォロディミル・ゼレンスキー大統領は、国民に人気の高い軍のヴァレリー・ザルジニー総司令官を解任しました。**戦争が長引く中、ウクライナが勝利して終結すると考える人は、かなり少なくなってきました。**

ロシアがウクライナに攻め込んだとき、「プーチンのやり方は狂気の沙汰としか思えない」という言い方をした人もいました。**自分にとって理解できないことが起きたときに「狂気」と決めつけてしまっては、事態を正しく分析することはできません。**

なぜウラジーミル・プーチンがウクライナに攻め込んだのか。独立国に攻め込むことはもちろん許されることではありませんが、プーチンにはプーチンなりの論理があるに違いない。内在的論理を理解してこそ、ロシアとどうつき合えばいいのかがわかるのだと思います。

私たちはさまざまな成功体験から失敗をします。また逆に、失敗体験から成功するということが、今回の軍事侵攻でも見えてきました。

そもそも、ロシアがウクライナに侵攻するのではないかと最初に警鐘を鳴らしたのはアメリカでした。ロシアがウクライナに全面的に軍事侵攻したのは２０２２年２月24日のこと。アメリカは２０２１年の12月の段階で、「ロシアがウクライナに侵攻しようとしている」と発表し、ロシアを牽制《けんせい》するとともにウクライナに注意を呼びかけていたのです。

２０２１年12月の段階では、**ウクライナがNATO（北大西洋条約機構）に入ろうとしていて、プーチンはそれを阻止したかったのです。**「ウクライナとの国境沿いで大々的な軍事演習をする」と発表しました。

■国境付近に「大規模な野戦病院」の意味

世界は、「これはウクライナへの牽制であって、まさか本当に攻め込むわけではないだろう」と思っていました。しかしアメリカのジョー・バイデン大統領は、情報収集活動で得た情報に基づいて、「ロシアはウクライナに侵攻しようとしている」と発表したのです。

明らかに、プーチン大統領の側近にアメリカのＣＩＡ（中央情報局）のスパイがいたか、あるいは情報源がいたとしか思えませんでした。**バイデンは、アメリカが発表することによってロシアがウクライナに攻め込むのを思いとどまるのではないか、なんとかやめさせたいと思い、あえて発表したのです。**

でも肝心の、「いつ攻撃をするか」を、アメリカはどうして判断できたのか。アメリカは多数の軍事偵察衛星を飛ばしていて、ロシア、中国、北朝鮮の行動を常に監視しています。アメリカの偵察衛星の解像度は地表15㎝四方のものもクリアに見ることができるといわれています。

ちなみに日本も、情報収集衛星を打ち上げています。本当は偵察衛星なのですが「情報収集衛星」という言い方をして、ロシア、中国、北朝鮮を上空から監視しているのです。もちろん、どんなものが見えているかは一切発表していませんが、昼間、望遠レンズ付カメラを用いる光学偵察衛星２機と、夜間、電波を使用したレーダー偵察衛星２機を運用しています（さらに２０２４年1月に1機打ち上げ、現在5基となっている）。

話を元に戻します。なぜアメリカは、ロシアがウクライナに軍事侵攻をしようとしていると判断できたのか。それは、ロシアがウクライナとの国境付近で軍を増強させるばかりか、軍事演習にしてはあまりに大規模な野戦病院を準備していたからです。

軍事演習をしていたら当然、足を挫《くじ》いたり、骨を折ったりする程度のケガ人が出るでしょう。しかし、**大規模な野戦病院を準備したということは、多数の兵士がケガをすることを想定しています。**

２０２２年2月、いよいよロシアが軍事侵攻する直前、アメリカは「本当にロシアはウクライナに侵攻する」と発表しました。このときには、野戦病院の隣に輸血用の血液を載せた車が移動してきたのです。大量の輸血用血液を準備したということは、これから戦闘になるのだなとわかったということです。

プーチンは、「われわれは軍事演習をしているだけだ。アメリカのデマだ」と言い張っていましたが、アメリカは偵察衛星を駆使すれば、ここまでの分析が可能だったのです。

■1週間後には「戦勝パーティ」のはずが……

国境を越えたロシア軍の兵士たちは、「あくまで軍事演習」と聞かされていました。「ふと気付いたら、いつの間にかウクライナ領内に入っていた」、さらに、「ウクライナの人たちは、ロシア軍を待っているから大歓迎される。花束を持って来てくれるはずだと言われていた」という証言もあります。

ところが実際に入ってみたら砲弾が雨あられと降ってきて、ロシア軍の戦車が次々と破壊されていきました。ロシアの末端の兵士たちは、戦闘する準備がまったくできていなかったことがうかがいしれます。

当時のプーチン大統領は、「どうせ3日で終わる」と考えていたのです。ウクライナ軍に戦意はないから、ガツンとやればすぐに降伏するだろう、と。

暗殺部隊を送り込み、ゼレンスキーを暗殺する。仮に暗殺が失敗しても、ゼレンスキーが国外に逃げ出せばウクライナ軍はただちに降伏し、キーウを占領できる。そう思って戦車部隊を突入させたのです。事実、キーウに向かったロシア軍の兵士たちは3日分の食料しか携行していませんでした。戦車の燃料も3日分でした。

3日で終われば、1週間後には戦勝パーティが開ける。

キーウには、伝統的なウクライナ料理を食べさせる有名な料理店があります。私も訪れたことがあります。侵攻が始まった直後に、その店にロシア軍の兵士から「貸し切りパーティをしたい」という予約が入っていたというのです。**いかにロシア軍が楽観的だったか。**もちろん戦勝パーティを開くことは叶《かな》わず、ずるずると泥沼の戦いに突入してしまいました。

戦車は燃料不足で立ち往生するし、兵士たちは食料を求めてウクライナの商店を襲撃しました。

そこには、ロシアの成功体験があります。**2014年、ロシアはウクライナのクリミア半島を占領しました。**そのときは電光石火、ウクライナ軍は無抵抗で降伏しました。ロシア軍に寝返る兵士もいました。だから今回も、「ロシア軍に入りたい」といって寝返る兵士も大勢いるだろうと高をくくっていたのです。

■戦争の定石「攻撃3倍の法則」

一方、**ウクライナは2014年の大変な失敗を教訓に、立て直しを図っていました。**

もともとウクライナは1991年にソ連（ソビエト社会主義共和国連邦）が崩壊するまで、「ウクライナ・ソビエト社会主義共和国」という、ソビエト連邦を構成する15の共和国のうちの1つでした。ソ連の時代、ソ連軍の兵士たちはその15の国の中で人事異動がありました。中には、ロシアからウクライナに派遣されていた兵士もいました。派遣されたらウクライナが独立（1991年8月24日）してソ連も崩壊（1991年12月25日）してしまった。ソ連がなくなったために、そのままウクライナ海軍に編入されてしまったのです。

そういう状況の中でロシア軍が攻めてきたので、大喜びでロシア軍に寝返ったという将兵も少なくありませんでした。

これをウクライナは深刻に受け止めました。クリミア半島をとられて以降、徴兵制度を導入。クリミア半島を占領されたとき、ウクライナ軍は5万人しかいませんでしたが、これを20万人にまで増強しました。さらに軍務を終えて退役したOBを予備役として90万人を確保していました。そこに15万人のロシア兵が攻め込んできたのです。

戦争に当たっては、**「攻めるほうは、守るほうの3倍の戦力が必要」という原則があります。**攻める側と守る側でいえば、守る側のほうがはるかに有利。攻める側は、敵の3倍の戦力を投入しなければ破ることができないというのが戦争の大原則です。

よって、2022年2月24日にウクライナに攻め込んだロシア軍は壊滅的な打撃を受けてしまいました。ウクライナは失敗から学んでいました。

■ソ連式軍隊とアメリカ式軍隊の違い

もう1つ、ロシア軍には欠点がありました。**旧ソ連軍というのは本当に官僚的な組織でした。そもそもソ連という国が官僚的ですが。**

ソ連は、**一部の共産党のエリートがあらゆる計画を立て、計画通りに経済を動かしていく計画経済**でした。

1年間にどれだけの建物や車をつくるかをまず国家が計画する。そのために必要な鉄はどれだけか、そのためにはどれだけ鉄鉱石を掘り出せばよいか。あらゆることは一握りのエリートが計画し、その通りにやればいいというのがソ連という国のしくみでした。

そうすると自動車が欲しいと思っても、年間の供給量は決まっているので順番待ちになります。ソ連が崩壊する直前は、自動車が欲しいと申し込んでも実際に手に入るのは数年後といわれていました。

軍隊もこの調子で、上官の命令が絶対です。必ず上官の指示に従わなければなりません。もちろん軍隊というものは上官の命令が絶対ですが、ソ連軍は、それが極端でした。言い方を変えると、**指示を待てばいい。自分で考えなくていいわけです。**

その点、アメリカの軍隊は柔軟です。戦闘になれば敵味方が入り乱れますから、上官がいなくなるなんていうことは日常茶飯事です。だから、いちいち上官にお伺いを立てていないで、自分の頭で考えて臨機応変に戦えと徹底的に教え込む。これはNATO軍も同じです。

２０１４年の段階では、ウクライナ軍は、「昔のソ連軍のまま」でした。２０２２年、ロシア軍がウクライナに軍事侵攻してきたときも、ロシア軍は必ず上官が最前線で指揮をとりました。当然、上官が死ぬケースもあります。命令を出す人がいなくなると、ロシア軍の兵士たちはどうしていいかわからなくなり、そのまま逃げ出したり、ウクライナに降伏して捕虜になったりするといった事態になりました。

いざというときに自分の頭で判断し行動できることが、どれだけ強いかということです。

■トランプ再選なら「24時間で戦争を終わらせる」

しかしその後、ロシアは緒戦の失敗を挽回《ばんかい》して攻勢を強めました。**ウクライナの反転攻勢も失敗したといわれています。**

ロシアとウクライナは今後どうなるのか。これまで**ウクライナはアメリカの絶対的な**

支援によってなんとか持ちこたえてきました。

ところが2022年に行われたアメリカの中間選挙では、上院は民主党が多数派を維持しましたが、下院は共和党に多数派を奪還され、政府と議会の「ねじれ」が生じました。

下院の共和党の中にはドナルド・トランプ支持者が多いのです。共和党内に、「トランプ派」という派閥が誕生したような格好です。バイデン大統領はウクライナを支援したいのですが、下院は共和党が多数派なので**ウクライナ支援を盛り込んだ予算案の審議が、議会でなかなか進みませんでした。**しかし、2024年4月23日、約610億ドル（約9・4兆円）のウクライナ支援を盛り込んだ予算案を可決。**滞っていた軍事支援が再開されることになりました。**

共和党内にも、「ウクライナを支援したほうがいい」という意見の人はいるのです。しかしトランプ派はトランプに忖度《そんたく》しますから、結局、共和党の中もまとまらないような状態になっていたのですね。

2024年のアメリカ大統領選挙で再選を狙っている**トランプ前大統領は、ウクライ**

ウクライナ苦戦、
トランプ再選なら一気に終戦も？
ロシアから
軍事侵攻
アメリカの支援によって
持ちこたえている
ウクライナ
私が大統領なら
この戦争を
24時間で終わらせる
ウクライナへの支援を
打ち切る
トランプ
下院
共和党
が多数
ウクライナへの
軍事支援
支援に反対
上院
民主党
が多数
TO Ukraine
上下院が
ねじれ状態で
予算審議が
進まなかった
支援に賛成

ナの支援に反対してきました。自分が大統領になったら、この戦争を「24時間で終わらせる」と明言しています。「なぜアメリカ国民の金をウクライナに使わなければならないのか、アメリカのために使え」というわけです。ところが今回は、ウクライナ支援が止まっていることに共和党内でも批判が高まり、共和党のマイク・ジョンソン下院議長の説得を受けて支援を認めたのです。

これまでウクライナがロシアの攻撃に耐えられていたのは、**アメリカからの最新兵器供与と軍事支援があったからです。**今後、アメリカが軍事支援を打ち切ることになれば、2024年のどこかの段階で、ウクライナは武器、兵器、弾薬がなくなり、戦争に負けてしまうことになるでしょう。ウクライナは正念場です。

■ユダヤ系のゼレンスキー大統領がなぜ「ネオナチ」？

ロシアのプーチン大統領は、ウクライナに攻め込む際、ゼレンスキー大統領を「ネオナチ」（ナチスの現代版）と言っているのですね。

ウクライナは、歴史的にユダヤ系住民が多く住む地域です。西ヨーロッパで迫害されたユダヤ人は、バルト三国（エストニア、ラトビア、リトアニアの3国）や東のポーランド、ウクライナ、ロシア帝国へも逃れました。ゼレンスキー大統領もユダヤ系です。言うまでもなく、ユダヤ人はナチスに迫害された側です。なぜユダヤ系であるゼレンスキーが「ネオナチ」になるのか。

ゼレンスキーは、第2次世界大戦中にソ連から独立しようとして、ナチス・ドイツに協力したウクライナ民族解放運動の指導者「ステパン・バンデラ」を英雄視しているというのです。当時のウクライナの中には、ソ連というナチス・ドイツとの共通の敵を倒すことでウクライナの独立を果たそうと考える人がいました。

プーチン大統領に言わせると、「ナチス・ドイツに協力したウクライナ人を讃《たた》えているゼレンスキーはネオナチだ」。ナチス・ドイツはロシアで徹底的に嫌われていますから、**プーチンは「ネオナチ」という言葉でゼレンスキーを誹謗《ひぼう》し、ロシア国内での支持を高めようとしているのです。**

プーチン大統領が、ゼレンスキー大統領やその政権を「ネオナチだ」と非難した以上、

ウクライナが降伏しても、ゼレンスキー大統領のことは許さないでしょう。ネオナチは徹底的に排除されなければならないというのがプーチン大統領の考え方です。

もしウクライナが降伏した場合は、その後なにが起きるのかと考えると、暗澹《あんたん》たる気持ちになります。

■ウクライナの次はわが国？　揺れるモルドバ

もしウクライナが戦争に負けたら、今度は自分たちの国がロシアに侵略されてしまうのではないかと怯《おび》えている国があります。それが**モルドバです。**

2023年末、テレビ東京の番組の取材でモルドバへ行ってきました。「モルドバに行ってくる」と言うと、「新婚さんに人気のリゾートですよね」と言われましたが、それはインド洋の島国モルディブです。確かに、モルドバは日本人には馴染《なじ》みがない国ですね。

モルドバは、ロシアの侵略を受けている**ウクライナの西隣に位置します。**ルーマニア

ウクライナのケースと似ているモルドバとは？

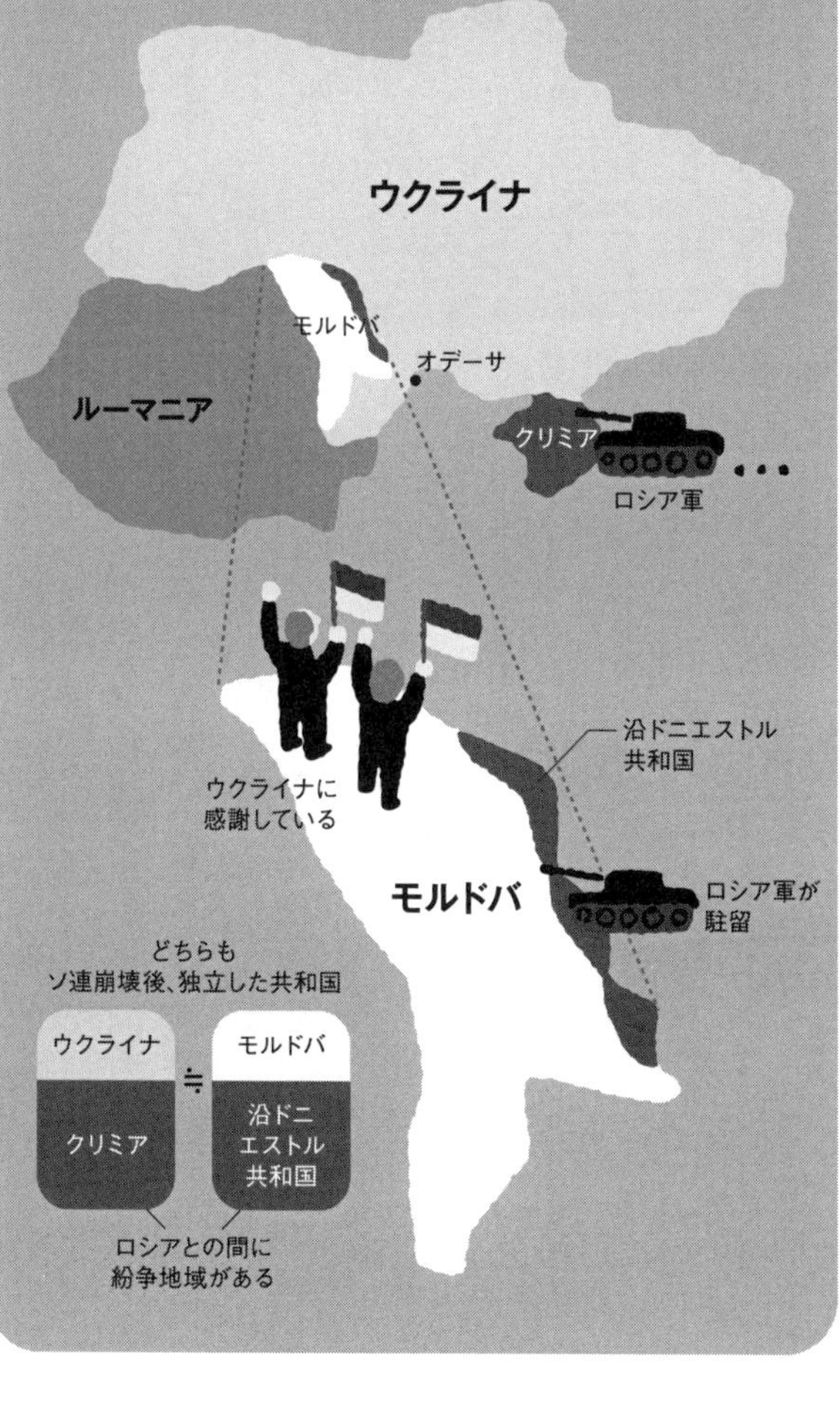

ウクライナ
モルドバ
オデーサ
ルーマニア
クリミア
ロシア軍
沿ドニエストル
共和国
ウクライナに
感謝している
モルドバ
ロシア軍が
駐留
どちらも
ソ連崩壊後、独立した共和国
ウクライナ
クリミア
≒
モルドバ
沿ドニ
エストル
共和国
ロシアとの間に
紛争地域がある

とウクライナに挟まれた小さな国で、元「モルダヴィア・ソビエト社会主義共和国」。ソ連の指導者であったヨシフ・スターリンが勝手につくった国です。

さらに**モルドバの東部にはロシア系住民が勝手に独立を宣言した「沿ドニエストル共和国」があります。ウクライナとの国境地帯です。**ここは未承認国家で、世界中のどこの国も国家として承認していません。もちろん日本も認めていません。

ドニエストルというのは川の名前です。ウクライナ、モルドバを流れて黒海《こっかい》に注ぐドニエストル川のほとりの、南北に細長い地域なので沿ドニエストル共和国といいます。

その沿ドニエストル共和国に潜入すると、ロシア軍1500人が駐留していました。

ロシア軍はいま、ウクライナの西へ西へと進もうとしています。黒海沿いのオデーサという港湾都市を占領した上で、さらに西へ進むとそこが沿ドニエストル共和国です。そこにはそもそもロシア系住民がいるし、ロシア軍が駐留しています。

つまりロシアとしては、ここまで占領して沿ドニエストル共和国とつなげてしまい、ロシアに編入しようと考えているのでしょう。そうすれば**ウクライナは海岸線を失って完全な内陸国になり、大きく国力を失います。**

ウクライナは「ヨーロッパの穀倉地帯」と呼ばれ、小麦やとうもろこし、ヒマワリ油などを大量に輸出していますが、それをいっさい海に出すことができなくなる。ロシアはそれを狙っているのでしょう。

モルドバの人たちにしてみると、沿ドニエストル共和国までロシア軍が攻めてくるのは恐怖です。

■モルドバの公用語が「ルーマニア語」に

第2次世界大戦が始まった頃、旧ソ連はドイツと密約を結んでポーランドを分割占領しました。同じようなことがルーマニアでも起きていたのです。

ソ連軍がルーマニア東部のモルダヴィア地方を占領すると、スターリンは、**「モルダヴィア・ソビエト社会主義共和国」をつくり、戦後はソ連を構成する15の共和国の1つにしてしまいました。**さらにルーマニアで使っていたラテン文字を、自分たちが使うキリル文字に替えて、モルドバ語と称しました。

1991年にソ連が崩壊するとほぼ同時に、モルドバは独立を宣言しました。その後、押し付けられたモルドバ語を元のルーマニア語にしようという動きが続き、キリル文字をラテン文字に戻します。そして2023年3月16日、**モルドバ議会は公用語の名称を従来のモルドバ語からルーマニア語に変更する法案を、賛成多数で可決しています。**

モルダヴィア・ソビエト社会主義共和国の時代、東部のドニエストル川沿いには火力発電所や製鉄所がつくられ、工業地帯として開発されました。ここに、ソ連時代のロシアから大勢のロシア人労働者が移り住んでいました。

1991年、ソ連が崩壊しつつあったとき、モルダヴィア・ソビエト社会主義共和国がモルドバとして独立しようとすると、ロシア人たちはロシアに留《とど》まりたいと反乱を起こし、自分たちも独立を宣言します。それをモルドバが許さず、**モルドバ人とロシア人による悲惨な内戦となりました。**

そこに、ロシア軍が介入します。「ロシア系の人たちを守るための、平和維持軍」という名のもと軍隊を送り込み、モルドバの攻勢を防ぎました。モルドバ側はしぶしぶ戦いを止め、その状態がいまもそのままになっているというわけです。

ドニエストル川の周辺のロシア人たちは、沿ドニエストル共和国という国家であることを宣言しました。**ウクライナとクリミアのケースとそっくりでしょう。**

町を走っている自動車のナンバープレートを見ると、モルドバのものと沿ドニエストル共和国のものの両方があるのですね。沿ドニエストル共和国で登録したほうが安いので、ドニエストル川付近に住んでいる人は、沿ドニエストル共和国のナンバープレートでモルドバを走り回っていました。

火力発電所はもともとドニエストル川沿いにあるので、モルドバが使う火力の8割は沿ドニエストル共和国から供給されているのですが、沿ドニエストル共和国にはロシアがタダで天然ガスを供給しています。そのタダの天然ガスで、沿ドニエストル共和国が火力発電をし、その電力をモルドバに売って、差額が沿ドニエストル共和国の収入になっています。

そもそも対立しているはずなのに持ちつ持たれつで不思議な感じです。

■モルドバはウクライナに感謝している

モルドバはワインくらいしか産業がなく、「ヨーロッパの最貧国」ともいわれています。でも、ワインはとにかく美味《おい》しかった。

私はもともと酒が飲めない体質なのですが、番組で試飲するシーンを撮りたいというので少し飲んでみたら、赤も白もロゼもとにかく口当たりがよくて、まだまだ飲めそうでした。まったく頭も痛くならず、逆に気持ちよくなりました。日本でも、モルドバのワインは飲めるようですから、お試しを。

モルドバは経済的に非常に厳しい国ですが、国の人口の10%を超える数のウクライナの避難民を受け入れているといいます。

モルドバで、国防大臣とエネルギー担当大臣にインタビューすることができました。すると、「ウクライナには本当に感謝しています」と言うのですね。「ウクライナが必死になってロシアの侵略をおさえてくれているおかげで、わが国は平和でいられる状態です」と。

モルドバ軍には地上軍と空軍があるのですが、空軍はヘリコプターと輸送機しか持っていません。戦闘機を持っていないのです。あるいは、地上軍も数千人しかいない。つまり、**もしロシアが攻めてきたら、ひとたまりもない状態なのです。**

沿ドニエストル共和国に隣接する村へ行って、そこに住んでいる人にも話を聞きました。「もしロシアが攻めてきたらどうしますか?」。すると「戦車2台でも村役場の前に来て、ロシアの旗を立てたら、われわれはなすすべがありません」とのこと。

幸いなことに日本は島国ですから、ある日突然戦車がやって来たら……、という恐怖感はわからないですね。

ウクライナがロシアと戦い続けられるかどうかは、アメリカの支援に尽きます。アメリカの政治によって、ウクライナが生き延びられるかどうかが決まります。モルドバも同じ運命をたどりかねません。**結局は、アメリカ次第なのです。**

■レーニン像がなくならない街

モルドバにしてみれば、沿ドニエストル共和国は国家ではなくモルドバの一部に過ぎないという認識です。しかし沿ドニエストル共和国に入るときは、入国手続きが必要です。

そして沿ドニエストル共和国の自称首都、ティラスポリの国会議事堂の前には、懐かしの（ウラジーミル・）レーニン像が立っていました。ソ連時代には、ソ連を構成する国のあちこちにレーニン像が立っていましたが、ソ連崩壊後はそれぞれの国の住民たちによって引き倒されました。**沿ドニエストル共和国にはいまもこのようにレーニン像があり、そこで使われている国旗もソ連時代の「モルダヴィア・ソビエト社会主義共和国」のままです。**いまでもソ連を懐かしんでいるようなのです。こんな風景があるなんて本当に、行ってみないとわかりません。

その後、私はモルドバからヨルダンへ飛びました。パレスチナ難民キャンプの現状を取材するためです。

第3章で詳しく解説しますが、イスラエルという国ができたことによって、住んでいたパレスチナの土地を奪われたアラブ人がパレスチナ難民となって周辺の国へ逃げました。とりわけ**ヨルダンは最大のパレスチナ難民受け入れ国で、難民キャンプがいくつもあります。**

■ドイツはイスラエル支持が「国是」

ガザで大勢のパレスチナ人が殺されていることに対し、アメリカの若者たちがバイデン政権に幻滅していると書きました。

アメリカでは、ユダヤ人のお金持ちたちがアメリカという政府にイスラエルを応援するような働きかけをしているため、「反イスラエル」の言論が封じ込められている現実がある一方で、ヨーロッパでも反イスラエルの声を聞くことはほとんどありません。それはどうしてなのか。

イスラエルのベンヤミン・ネタニヤフ首相は、イスラム武装組織ハマスによる攻撃を、「ハマスの殺人者たちによる残虐行為は、ホロコースト（大虐殺）以来のユダヤ人への最悪の犯罪だ」と、**ユダヤ人大量虐殺になぞらえました。**

すると、ブラジルのルーラ・ダシルバ大統領は、イスラエルが行っているパレスチナ暫定自治区のガザ地区への攻撃を「集団虐殺を行っている」と非難し、その行為をユダヤ人のホロコーストになぞらえました。つまり**イスラエルはナチス・ドイツによる被害の民なのに、パレスチナ人に対しては加害の民になっている**ではないか、ということですね。

イスラエルはヨーロッパで迫害を受けてきたユダヤ人が建国しました。

そもそもユダヤ人はなぜ迫害を受けてきたのか。プロローグで説明したように、イエスはユダヤ教の改革運動をしたことでユダヤ人のボスたちに睨《にら》まれ、当時あのあたりを支配していたのはローマ帝国でしたから、ローマ帝国に「反逆者」として突き出されたのです。

イエスが処刑されるというので大勢のユダヤ人が押しかけました。ここから先は『新約聖書』の中の「マタイによる福音書」の記述です。ローマから派遣されていた総督のピラトは、実はイエスを尊敬していたので、ユダヤ人たちに「本当に彼を処刑してもいいのか」と聞きます。すると「その血の報いがわが子孫に及んでも構わない」と答えたというのです。

イエスは十字架に架けられた後、墓に葬られましたが3日目に復活し、弟子たちの前に現れて説教をし、オリーブ山から昇天されたと新約聖書に書いてあります。

救世主信仰はもともとユダヤ教にもあるのですが、イエスの復活の話が広まると、イエスこそが救世主（キリスト）ではないかと考える人が増え、彼らがキリスト教徒と呼ばれるようになりました。

その後、ユダヤ人たちはローマ帝国から独立しようと2度にわたる独立戦争（ユダヤ戦争）を戦うのですが、結果的に負けて、「二度とエルサレムに立ち入ってはいけない」と、追い出されます。こうして**大勢のユダヤ人が大離散「ディアスポラ」という形で、世界中に散り散りになるのです。**

ヨーロッパへ逃れたユダヤ人は、イエスを十字架にかけたユダヤ人の子孫ということでキリスト教社会の中で差別されます。ペストが流行すると、ユダヤ人が井戸に毒を入れたからだといったとんでもないデマが広がり、すっかり**ユダヤ人差別がヨーロッパで定着していくのです。**それを悪用したのが、ナチス・ドイツのアドルフ・ヒトラーだったというわけですね。

第2次世界大戦終結時までにヨーロッパにいくつもの強制収容所をつくり、600万人ものユダヤ人を虐殺した歴史があります。よって、とりわけ**ドイツ人はユダヤ人に対する贖罪《しょくざい》意識が大きいのです。**

戦後、ドイツはイスラエルに対して支援を続けてきました。ユダヤ人を応援することを積み重ねた結果、ドイツは世界で信頼されるようになったのです。**社会全体でナチスの反省を共有する姿勢は徹底しています。**もちろん、ドイツにも言論の自由はありますが、「アウシュビッツ（強制収容所）はなかった」とか、「ホロコーストはなかった」とかいう言論、あるいはナチス・ドイツを賛美するような言論は、法律で禁止されています。

ハマスによるイスラエル攻撃以来、ドイツのオラフ・ショルツ首相は、**「イスラエル**

の安全保障はドイツの国是だ」と繰り返しています。

イスラエルがガザでやっていることはどう見ても人道上、大きな問題があるわけですが、声をあげることができないというのがいまのドイツです。うっかりイスラエルを批判すると、「反ユダヤ」の烙印《らくいん》を押されてしまうのが怖いのです。

■見て見ぬフリをしたことに対する贖罪意識

ほかのヨーロッパの国はどうなのか。**ヨーロッパ各国も、アメリカと同様にイスラエル寄りの立場をとっています。**

第2次世界大戦中、ナチスはユダヤ人に黄色い布のダビデの星を胸につけることを強制しました。ひと目でユダヤ人とわかる格好をさせたのです。

当時、ドイツが占領したフランスにしてもポーランドにしても、ユダヤ人の運命について多くの人がうすうす知っていました。ダビデの星をつけた人たちが貨物列車に詰め込まれてどこかへ連れて行かれ、戻ってこなければ、当然、なにが起こっているかわかります。

でも、キリスト教社会ではユダヤ人に対する差別意識があったので、ユダヤ人が酷《ひど》い目に遭っているらしいとわかっても、見て見ぬフリをしていた人が多かったのです。

もちろん、ユダヤ人を救おうとした人もいました。日本の外交官だった杉原千畝《すぎはらちうね》がそうですし、映画『シンドラーのリスト』のモデルとなったドイツ人のオスカー・シンドラーもそうです。

戦争が終わり、600万人ものユダヤ人が殺されたことを知ると、見て見ぬフリをした人たちは、「なぜあのとき、止めることができなかったのだろう」と自責の念に駆られます。世界の国々がユダヤ人に対する歴史的責任を感じるのです。

そのユダヤ人たちが「自分の国を持ちたい」となると、「応援しよう」となり、**アラブ人が住んでいたパレスチナの土地が、アラブ人の土地とユダヤ人の土地に分けられた。いまのハマス（＝アラブ人）とイスラエル（＝ユダヤ人）の戦闘は、ここにつながるのです。**

■差別されたことで教育熱心に

ここでユダヤ人の定義を確認しておきましょう。

ユダヤ人とは、「母親がユダヤ人で、かつ他の宗教に改宗していない人」または「他の宗教からユダヤ教に改宗した人」を指します。ユダヤ人という人種が存在するわけではなく、**ユダヤ教信者＝ユダヤ人**です。よって、白人のユダヤ人もいれば、黒人のユダヤ人も、アジア系のユダヤ人もいるということです。

よく、ユダヤ人は優秀といわれます。世界中のユダヤ人の人口比率は0・2％弱なのに、ノーベル賞受賞者の2割はユダヤ人ですから、確かに優秀なのだろうと思ってしまいます。でも、この発想は危険です。

前述のように、ユダヤ人は差別されていたので土地を持つことが許されていませんでした。農業や手工業からも排除されたので、**当時のヨーロッパ社会で卑しい仕事だとみなされていた金融業に従事しました。**金融業で富を築いたユダヤ人は、財産を子どもに譲渡したくても、現金のままだとインフレになると価値が下がってしまいます。それに有事の際、焼ける恐れもある。ダイヤモンドなら小さいし、持って逃げられます。

当時は、ダイヤモンドに関わる仕事も金融業と似たような扱いで、**ダイヤモンド産業はユダヤ人によって育てられました。**「デビアス社」をはじめ、世界のダイヤモンド業のほとんどはユダヤ人が掌握しています。

もう1つ、決して他人から盗まれない財産、それが教育です。ユダヤ人はわが子にしっかりとした教育をつければ、迫害の中を生き抜くことができるだろうと考えました。その結果、優秀な人材を輩出することになったというわけです。

よく「優秀な民族」などといいますが、そんなものはありません。その発想はヒトラーのナチスと同じです。ユダヤ人が優れているのではありません。「差別されたので教育に力を入れざるを得なかった」ということです。どんな民族だろうと子どもの教育に熱心になれば、優秀な人を輩出することができるのです。

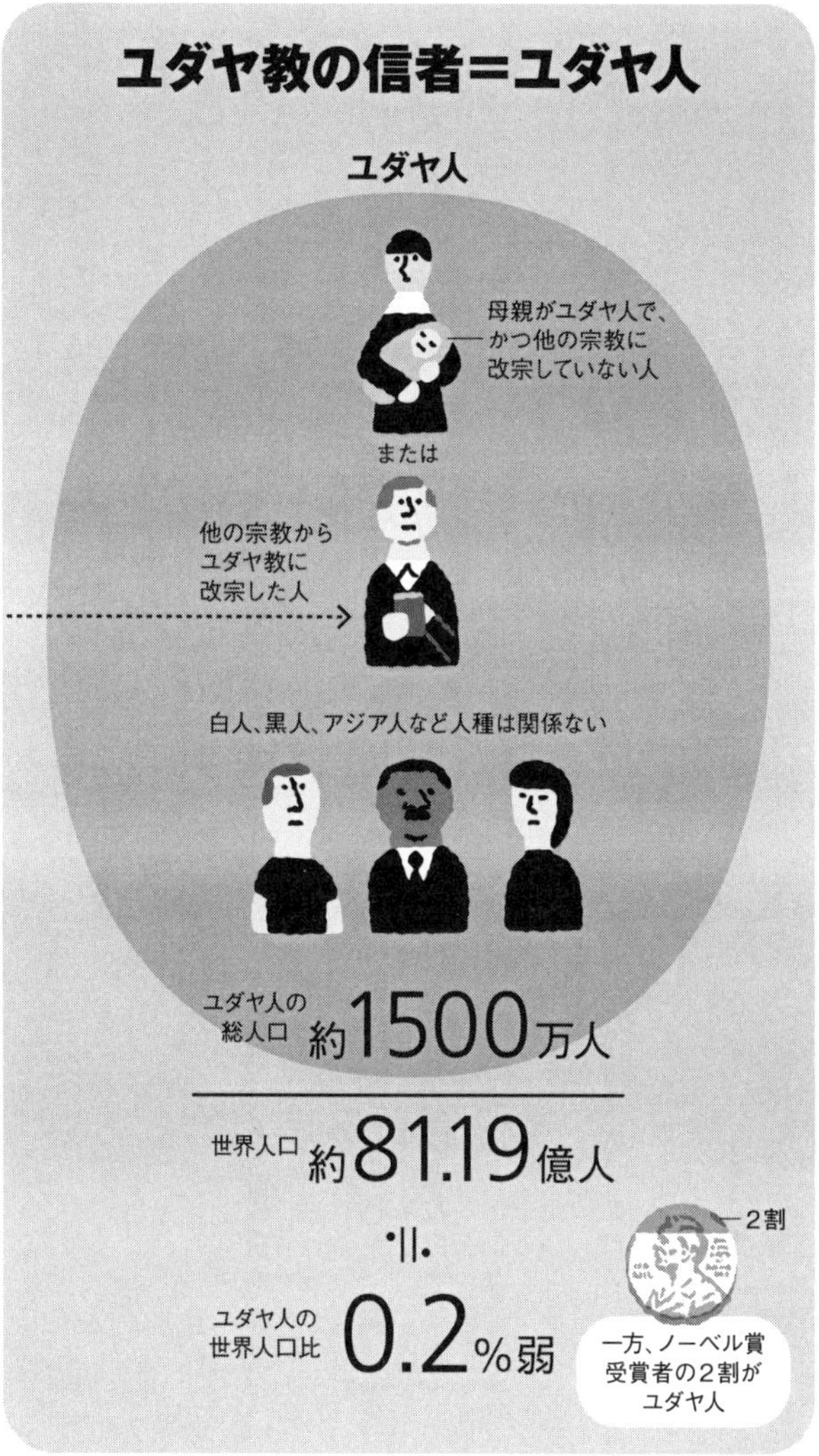
ユダヤ教の信者＝ユダヤ人
ユダヤ人
母親がユダヤ人で、かつ他の宗教に改宗していない人
または
他の宗教からユダヤ教に改宗した人
白人、黒人、アジア人など人種は関係ない
ユダヤ人の総人口 約1500万人
世界人口 約81.19億人
≒
ユダヤ人の世界人口比 0.2％弱
2割
一方、ノーベル賞受賞者の2割がユダヤ人

■スウェーデンがNATO加盟、32カ国目

ロシアによるウクライナ侵攻は、ヨーロッパとロシアの関係を変えました。EU（欧州連合）は、**対ロシア制裁の一環としてエネルギーのロシア依存からの脱却を進めています。**

また、2024年2月26日、**スウェーデンのNATO加盟が決定しました。**NATOには**2023年、フィンランドが入り、スウェーデンの加盟で32カ国となりました。**

ソ連崩壊後、東ヨーロッパの国が雪崩を打つようにNATOへ加盟していきました。そんな中で「NATOに入らない」選択をしたのが、北欧の国スウェーデンとフィンランドでした。国境を接するフィンランドは、ロシアを刺激しないため。スウェーデンは「平和国家として中立を守るため」でした。

ところがロシアがウクライナに侵攻したことを受け、どちらも「中立などと言っていられない」と中立政策を放棄。NATO加盟を申し込み、ウクライナに武器を供与する

方針を発表しました。大きな方針転換でした。

ただ、**NATOに新規加盟するには、NATO加盟国すべての国の賛成が必要です。**スウェーデンの加盟承認については、トルコとハンガリーが未承認でしたが、2024年1月にトルコが承認し（見返りにアメリカが最新戦闘機「F－16」をトルコに売ることを決定したから）、これに続く形でハンガリーの議会も承認しました。

ロシアのプーチン大統領はウクライナのNATO加盟を阻止するためにウクライナへの軍事侵攻を始めたのですが、結果としてフィンランドとスウェーデンのNATO加盟を促し、NATOの拡大につながりました。まさに「オウンゴール」でした。

■EUから「ハンガリーとポーランドを追い出せ」？

ハンガリーはいまやEUの異分子です。ハンガリーのオルバン・ヴィクトル首相は親ロシア派で、ハンガリーはいまもロシアから大量の天然ガスの供給を受けています。

EUは2024年2月、500億ユーロ（約8兆円）のウクライナへの資金支援を決めましたが、この決定にもハンガリーが反対してきました。**ウクライナ支援には加盟27カ国の全会一致の合意が必要ですが、ハンガリーのオルバン首相が拒否権を行使して合意を阻止してきたのです。**ＥＵがウクライナとの加盟交渉開始を決める首脳会議でもこの調子でした。

1国でも反対したら加盟交渉を始められないので、会議中にドイツのショルツ首相が「ちょっとコーヒーでも飲んできたら」と持ち掛け、オルバン首相が席を外した間に採決が行われ、交渉開始の承認にこぎつけたりしています。

ロシアによるウクライナ侵攻が起きる前から、**ＥＵの中でハンガリーとポーランドは「ＥＵの民主主義の原則に背を向けている」といわれていたのです。**「あの2つの国を追い出そう」といった議論まで起きていました。

しかし、2023年10月15日に行われたポーランドの国会議員の上下院選挙で、2015年から続いた保守政権が敗北し、親ＥＵのリベラル派が勝利。**ポーランドは反ＥＵから親ＥＵに転換しました。**ポーランドが元に戻ったので、結果的にハンガリーだけがＥＵの足並みを乱す存在として残っています。

ユーラシア・グループのイアン・ブレマーが、EUについてうまく表現しています。「EU加盟国は『猫の群れ』に例えられる。言われるままに集団で動くヒツジとは対照的に、時には自国の利害や思惑を優先してなかなか意見が合わない」（『日本経済新聞』2024年2月29日・朝刊より引用）。

■「プーチンの次はプーチン」のロシア

EUが猫の群れなら、ロシアはなんになるのでしょうね。

ロシアでは5期目となるプーチン大統領の当選が決まりました。「まあ、そうなるよね」という感想です。選挙とは名ばかりの壮大な茶番劇です。

今回、プーチンに対抗する候補者として注目されていたのは、ボリス・ナデジディンです。彼は、ウクライナへの軍事侵攻も含めてプーチン大統領を批判してきました。大統領選出馬予定者の中で唯一、反戦を訴えていた元下院議員です。

ロシアでは、議会に議席を持たない政党は候補者登録に10万人以上の署名が必要です。

ナデジディンは改革派政党「市民イニシアチブ」擁立で、署名が短期間で20万以上集まりました。

これはプーチン大統領にとって想定外だったはずです。**中央選挙管理委員会は書類不備という理由で、立候補は認められないという判断を下しました。**反プーチン活動、反戦活動が拡大することを恐れ、小さなうちに芽を摘んでおこうということでしょう。

反戦を訴える人は、最初から排除されてしまったのです。

ロシアではプーチン大統領に批判的な新聞やテレビ局には広告が入らなくなり、経営が成り立ちません。さらにアレクセイ・ナワリヌイ氏のように政権批判をすると、毒を盛られたりする。「プーチンに逆らうと命が危ない」となると、おのずと反政府勢力の力は小さくなってしまいます。

言論の自由がなくなり、新聞もテレビもプーチン礼賛。となると、ほかに情報がない地方では支持率も高くなります。でも、都市部のインテリ層はそういうカラクリを知っていますから、ウクライナに侵攻したとき、あちこちでデモが起きました。さらにロシアの若者たちは100万人もの人がロシアから逃げ出しました。

プーチンは、２０２４年以降も2期12年、83歳まで大統領に留まることを可能にする憲法改正をさせています。

今後、プーチンはどう出るのか。**ロシアは、中東でアメリカやイスラエルと敵対しているイランと、関係を強化しています。**

ロシアのウクライナ侵攻が長期化する中、国際社会の分断が続くのです。

第3章　ついに火を噴いた「パレスチナ問題」

■世界はパレスチナを忘れていた

ロシアとウクライナの戦況が膠着《こうちゃく》状態になる中、世界はもう1つ別の戦闘を抱え込みました。**イスラム武装組織ハマス（正式名称はイスラム抵抗運動）とイスラエルの衝突です。**

戦闘のきっかけとなったのは2023年10月7日、ハマスがイスラエルに陸・海・空から一斉攻撃を仕掛け、イスラエル兵や民間人を殺害し、多数の人質を取ったことにあります。**これは国際人道法違反です。国際人道法は民間人を標的とすることを禁じています。**当然ながらハマスは国際社会から強く非難されました。

ハマスが奇襲攻撃をしたとき、1400人が亡くなっています。すべてがイスラエル人といわれていましたが、焼け焦げて身元の確認に時間がかかり、最終的に殺されたイスラエル人は1200人、残りの200人はハマスの戦闘員だったことがわかりました。

イスラエルはこれまで何度も攻撃を受けてきたことから、住宅にもシェルター設置が義務付けられています。今回、ハマスの攻撃を受けたときも、住民はシェルターに避難しました。すると、そこへハマスの戦闘員がガソリンを注《そそ》ぎ込み、火をつけて多くのイスラエル人が焼き殺されたというのです。

その動画をイスラエル側はこれでもか、これでもかと公開する。ユダヤ人だから、焼き殺されたのではないか。ユダヤ人という属性が狙われたのではないか。

もともと「ホロコースト」の語源自体、古代ユダヤ教の祭事で「神に供える獣を丸焼きにする」という意味を持ちます。

第2次世界大戦時、ユダヤ人はナチスによってガス室に送り込まれ、最後は焼き殺されたのですから、それとオーバーラップするのですね。

もちろんハマスのやったことは許されることではありません。しかしこれまで何があったのか、**70年余りの中東の歴史を見なければなりません。**

ハマスの目的はなんだったのか。「パレスチナ問題」を忘れさせないことではないのか。

世界の目を再び引きつけることになったパレスチナ問題を、おさらいすることにしましょう。

■イスラエル軍の合い言葉「マサダは二度と陥落しない」

パレスチナ問題については、このシリーズで何度も取り上げてきました。第1弾（2009年刊）でも解説しています。

パレスチナ問題は、ユダヤ人対アラブ人といった「民族間の争い」でも、ユダヤ教を信じるユダヤ人とイスラム教を信じるアラブ人の「宗教対立」でもない。**「ユダヤ人とアラブ人の陣取り合戦」**なのだと。「この土地は誰のものか」という、土地争いなのです。

地図を見ると、**イスラエルの東西2カ所にパレスチナ暫定自治区があります。**ヨルダンと隣接する東側が**「ヨルダン川西岸地区」**、地中海《ちちゅうかい》に面し、エジプトに接しているのが西の**「ガザ地区」**です。なぜ離れているのでしょうか。

こうなった長い対立の歴史を、どこまで遡《さかのぼ》ればよいのか。

そもそも、イエスはユダヤ人だという話をしました。約2000年前、マリアから生まれたイエスという男の子が成長すると、ユダヤ教の改革運動を始めます。

ユダヤ教はとにかく守るべきルールが多いのです。豚肉を食べてはいけないとか、うろこのない海のものを食べてはいけないとか、蹄《ひづめ》の分かれた反芻《はんすう》動物は食べてよいがそれ以外の4本足の獣《けもの》は食べてはいけないとか……、すべて戒律で決められています。そしてユダヤ教は、「ヤハウェ（神）から選ばれた民であり、神から与えられた律法（トゥーラー）を厳格に守ることによって救済される」という教えです。

「律法主義」・「選民思想」に疑問を持ったイエスは、「そんなにがんじがらめのルールを守っていればいいというものではない。神様を信じれば、誰もが救われる」と主張し、厳格な戒律を守るべきだと考えるユダヤ教のボスたちから反感を買って磔刑《たっけい》になるのです。

イエスが処刑された後、ユダヤ人たちは、自分たちを抑圧するローマ帝国に反旗を翻し、独立戦争を始めます。ユダヤ戦争です。中でも戦争中の「マサダの戦い」は有名です。

ローマ軍に追い詰められた一部のユダヤ人たちはエルサレムから砂漠に逃れ、四方が絶壁になっている山の上のマサダ（ヘブライ語で要塞《ようさい》の意味）に立てこもります。山の上なので、下から攻めていくと上から石などを投げられる可能性があります。そこでローマ軍は、丘の横に土を積み上げ、同じ高さにしてマサダに突入するのです。

ユダヤ人たちは、異教徒に屈することを潔《いさぎよ》しとせず、「ローマ人に殺されるくらいなら自分たちで死のう」と決意。しかしユダヤ教では自殺はタブーですから、殺す人を1人だけ選んで、まずその人に全員を殺させます。最後に残った1人は自害して、全滅したというのです。古代ローマ軍と戦ったユダヤ人たちの悲劇です。

マサダは世界遺産となり、いまはロープウェイも設置されて観光スポットになっています。頂上まで行くと、この玉砕（集団自決）の話が学べます。

現在、イスラエル軍に入ると、入隊宣誓式はここマサダで行われます。マサダでの悲劇を二度と起こさないために、イスラエル軍は強くなくてはいけない。「マサダは二度と陥落しない」と誓い合うのです。

ローマ帝国に追われたその他のユダヤ人は、北アフリカへ行ったり、ヨーロッパへ行ったり、アジアへ行ったりと散り散りになります。**とりわけヨーロッパへ行ったユダヤ人たちは、キリスト教社会の中で激しい迫害を受けることになるのです。**

■イギリスの三枚舌外交が諸悪の根源

そもそもなぜ中東がこんなに戦禍が絶えない土地になったのかといえば、**イスラエルという国ができたからです。**近代になり、ユダヤ人国家「イスラエル」が誕生するのは、1948年5月のことです。

1948年以前は、地中海の東側に面したこの地は「パレスチナ」と呼ばれる地域でした。住んでいたのはほとんどがイスラム教徒のアラブ人です。

争いの火種は、ヨーロッパから持ち込まれました。**イギリスの「三枚舌外交」です。**

第1次世界大戦時、600年間にわたって中東を治め、すでに老いて弱っていたオスマン帝国を滅ぼすために、イギリスはオスマン帝国の中にいるアラブ人たちに反乱を起こさせようと画策します。

現在のサウジアラビアにあるイスラム教の聖地・メッカとメディナを守っていたフサイン・イブン・アリーに、「アラブ人が立ちあがってオスマン帝国が滅びたら、アラブ人の国をつくることを認める」と働きかけます。そして**第１次世界大戦中の１９１５年、大戦後のアラブの独立を約束する「フサイン・マクマホン協定」を結ぶのです。**

その一方で、戦争をするには資金が必要です。イギリスはユダヤ人のお金持ち、ロスチャイルドからお金を出してもらおうと考え、「オスマン帝国が滅びたら、ユダヤ人のナショナル・ホームをつくることを約束する」と、ロスチャイルド卿《きょう》に書簡を送ります。これが**「バルフォア宣言」（１９１７年）です。**

しかし、「ナショナル・ホーム」という言い方は微妙ですね。要するに、「国をつくる」とは言っていないのです。ユダヤ人が集まるコミュニティを認めるとも受け取れるし、国家とも受け取れる。極めて曖昧《あいまい》で、責任逃れができるような言い方をしたのですが、**ユダヤ人たちは自分たちの国がつくれると受け止めました。**

さらに、**イギリスはフランスとの間で「オスマン帝国が滅んだら、ここを山分けしよう」という秘密協定を結びます。**１９１６年のことです。イギリスのマーク・サイクス

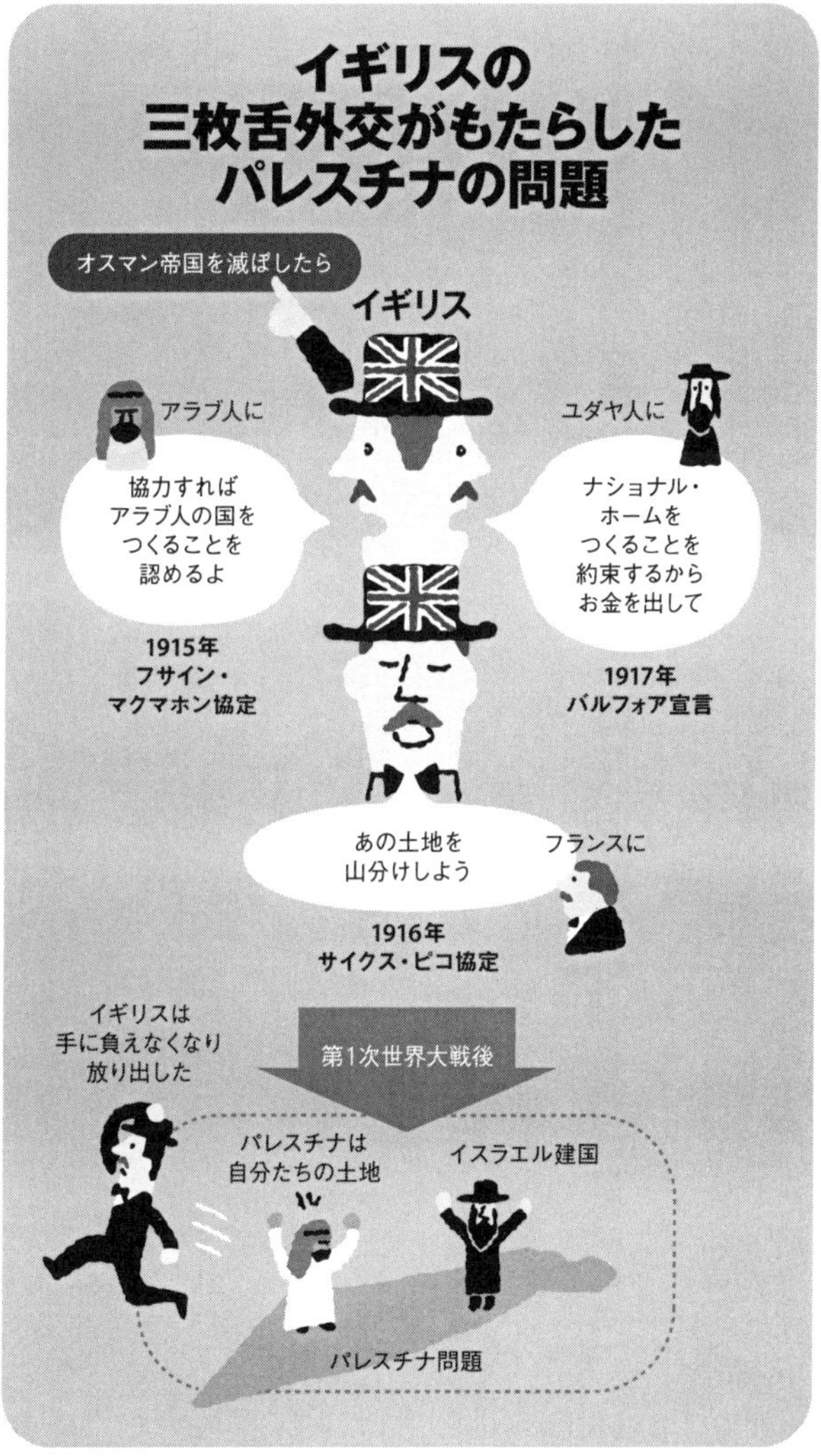
イギリスの
三枚舌外交がもたらした
パレスチナの問題
オスマン帝国を滅ぼしたら
イギリス
アラブ人に
協力すれば
アラブ人の国を
つくることを
認めるよ
1915年
フサイン・
マクマホン協定
ユダヤ人に
ナショナル・
ホームを
つくることを
約束するから
お金を出して
1917年
バルフォア宣言
あの土地を
山分けしよう
フランスに
1916年
サイクス・ピコ協定
イギリスは
手に負えなくなり
放り出した
第1次世界大戦後
パレスチナは
自分たちの土地
イスラエル建国
パレスチナ問題

と、フランスのフランソワ・ジョルジュ＝ピコが交わしていたので**「サイクス・ピコ協定」**といいます。

最初はロシア帝国も加わり、3カ国で秘密協定を結んだのです。ところが1917年、ロシア革命が起き、協定を結んだロシア帝国は倒されてしまいます。ウラジーミル・レーニンやヨシフ・スターリンによって新しい国ができるとき、この秘密協定を見つけ、「ロシア帝国は、こんな酷《ひど》い協定を結んでいた」と暴露するのです。

ロシアが抜けたため、イギリスとフランスだけでオスマン帝国があった土地を山分けすることになりました。

現在のイラク、ヨルダン、イスラエル（旧パレスチナ）のあたりはイギリスのもの、シリアとレバノンのあたりはフランスのもの。

第1次世界大戦から第2次世界大戦までの間、旧オスマン帝国領は「委任統治」という形をとります。つまり、アラブ人の地域についてはすぐに独立させないで、国際連盟（1920年発足）の加盟国に「統治を任せる」という形にする。まだ、自分たちの力で独立した国をつくるには成熟していないので、**国際連盟から委任を受けて統治をすると**

いうのですが、事実上、イギリスとフランスの植民地です。

■もしもウガンダにユダヤ人の国ができていたら

するとアラブ人たちが、「それでは話が違う。アラブの国を認めると言ったではないか」と反発。イギリスは仕方なく自分たちが統治するパレスチナの東側に、**「トランスヨルダン」というアラブの国を認めます。**トランスヨルダンとは「ヨルダン川の向こう側」という意味ですから、まるでバカにしたような国名です。**これが現在のヨルダンの始まりです。**

ユダヤ人はユダヤ人で、やっと自分たちの国がつくれると思いました。**一時は、アフリカのウガンダにユダヤ人の国をつくろうという話もありました。**地図で見るとウガンダは赤道直下なのでものすごく暑いと思われがちですが、標高が1000m以上あり、1年中軽井沢《かるいざわ》のような気候で過ごしやすいのです。

第1次世界大戦後、ウガンダにユダヤ人の国ができていたとしたら、世界の歴史はどう変わったのでしょう。アフリカが急激に発展していたかもしれません。

しかし、ユダヤ人たちは２０００年前にユダヤの王国があったところに戻りたいと切望します。**「土地なき民に、民なき土地を」というスローガンで、エルサレムの別称「シオンの丘」に戻ろうという運動を展開します。これが「シオニズム」です。**でもシオンの丘は、「民なき土地」ではありませんでした。すでにパレスチナ人（アラブ人）が住んでいたのです。

パレスチナのアラブ人は、「ここは自分たちの土地だ」と主張し、ユダヤ人の国をパレスチナにつくることに反対しました。

■イギリスの歴史的責任は極めて大きい

ユダヤ人は次々とパレスチナに移り住んでいきました。不法に入植していったわけではありません。パレスチナには不在地主も多かったので、お金持ちのユダヤ人は地主から土地を買い取り、「ここは俺たちが買ったから、お前たちは出て行け」とやる。こうしてユダヤ人が増え続けると、もともと住んでいたアラブ人と、新たに入ってきたユダヤ人の間で争いも起きるようになります。

それだけではありません。ユダヤ人テロ組織が、パレスチナを統治していたイギリスに対し、「イギリスから独立した国をつくりたい」と、テロ活動を始めるのです。

有名なのが、**１９４６年に起きた「キング・デイヴィッド・ホテル爆破事件」**です。このホテルは日本でいうと帝国ホテルのような老舗《しにせ》高級ホテルで、イギリス委任統治政庁や軍の司令部が入っていました。一般客も宿泊していましたから、爆破により大勢の犠牲者が出ました。

さらにユダヤのテロ組織は、イギリス兵を拉致《らち》しては殺し、街灯に死体を吊《つ》るしたりしました。その写真がイギリスの大衆新聞に掲載されると、「なぜ遠いパレスチナで、イギリスの若者が殺されなければならないのだ。さっさと立ち退くべきだ」という世論が高まり、**イギリスはパレスチナの統治を放棄し、問題を国連（国際連合）に丸投げしました。三枚舌外交を展開しておきながら、手に負えなくなると逃げ出してしまったのです。**

■パレスチナ難民が発生した

こうして1947年、国連の総会がパレスチナを分割し、アラブ人の国とユダヤ人の国をつくり、エルサレムは国際管理にするという**「パレスチナ分割決議」が決議**されるのです。この国連決議は、人口はアラブ人のほうが多いのに、パレスチナの半分以上の土地をユダヤ人に与えるという不公平な内容でした。ユダヤ人はこの国連総会の決議を受け入れましたが、アラブ側は拒否します。自分たちが長く住んできた土地を奪われるなんて、しかもユダヤ人に有利な形でなんて、納得がいかないからです。

国連決議の翌年（1948年）、ユダヤ人たちは、イスラエル建国を宣言しました。

その翌日、イスラエル建国を不服とする周辺のアラブ諸国（シリア、レバノン、ヨルダン、イラク、エジプトの5カ国）がイスラエルを一斉攻撃。**これが「第1次中東戦争」です。イスラエル側は「独立戦争」と呼んでいます。**

先に手を出したのはアラブの側ですが、**勝利したのはイスラエルでした。**この勝利で

イスラエルは、ヨルダン川西岸とガザを除くパレスチナの78％の土地を支配しました。

一方、**ヨルダン川西岸はヨルダンが、ガザはエジプトが占領しました。**パレスチナ人の半数以上となる約70万人が故郷を追われ、ここに逃げ込みます。同じアラブ人の国でイスラム教徒の国が占領した土地だからです。つまりこのとき、「パレスチナ難民が発生した」ということです。

ちなみに、3つの宗教の聖地エルサレムも東西に分割され、新市街の西エルサレムをイスラエルが占領、東エルサレム（3つの宗教の聖地がある旧市街）をヨルダンが占領しました。東西を分ける線を地図の上では緑の線で表記したので「グリーンライン」と呼ばれました。

■決定的だったのが「第3次中東戦争」

中東戦争は合計4回あるわけですが、**1956年の第2次中東戦争は「スエズ戦争」**と呼ばれ、パレスチナとは関係がありません。イギリスとフランスがエジプトに仕掛けた戦争です。イギリスとフランスはスエズ運河のために莫大《ばくだい》な資金を出したのに、当時のエジプトのガマール・アブドゥル＝ナセル大統領は、スエズ運河を国有化してしまいました。

利権が奪われたイギリスとフランスは、「イスラエルにエジプトを攻撃させよう」とイスラエルを誘ってエジプトと戦ったのです。

当時のアメリカは、「そんなことはやめろ」と反対しました。国際世論もエジプトを支持したことで戦争は停戦となります。

第3次中東戦争は1967年に起こりました。「6日間戦争」と呼ばれるものです。わずか6日間でイスラエルが圧勝したからです。

エジプトとシリアとヨルダンがイスラエルを攻撃しようとしていることをキャッチしたイスラエルは、「やられる前にやろう」と先制攻撃を仕掛けます。エジプト空軍が、イスラエルを空爆するために戦闘機や爆撃機を滑走路に並べていたところ、飛び立つ前にイスラエルが空爆。エジプト空軍は壊滅します。このとき、イスラエル軍は、残りのヨルダン川西岸とガザを占領、加えてエジプトのシナイ半島、シリアのゴラン高原まで占領下に置きました。

この結果、パレスチナ人はヨルダン、エジプト、シリアなどに逃れました。**再び大量のパレスチナ難民が発生したのです。**

さらにイスラエルは、**エルサレムを一方的に併合しました。エルサレムを東西に分断していた壁を破壊し、エルサレムを統一しました。**

第３次中東戦争でユダヤ人がなにより喜んだのは、ユダヤ人にとっての聖地「嘆きの壁」を支配下に置けたことでした。

■「たとえ全世界を敵に回しても生き残る」

アラブ諸国はイスラエルを制裁してほしいと国連に訴え、イスラエルは世界中から非難されました。しかし聞き入れません。

イスラエルで初の女性首相を務めたゴルダ・メイアは、後にこう発言しています。

「全世界に同情されながら滅亡するよりも、世界を敵に回してでも生き延びるほうを選びます」

かつてナチス・ドイツの時代に、ユダヤ人は虐殺され世界から同情されました。でも誰も助けてくれなかった。**自分のことは自分で守る。これが「イスラエルの内在的論理」です。**

では、すべての土地を奪われたパレスチナ側はどうしたか。

「ヤセル・アラファト」という名前は聞いたことがあるでしょう。**パレスチナ解放機構「PLO」を率いた指導者です。**第3次中東戦争時はヨルダン川西岸地区にいたのですが、イスラエルが攻めてきたのでヨルダンに逃げ込みます。周りのアラブ諸国がふがいないので「われわれだけでも戦う」と武装闘争を始めます。

PLOは最初は穏健な組織だったのですが、アラファトが議長になり過激な組織になりました。世界中で対イスラエルのテロを実行するようになります。

いちばん衝撃だったのが、**1972年に起きた「ミュンヘン・オリンピック選手村襲撃事件」**です。1972年のミュンヘン（当時は西ドイツ）夏季オリンピックの開催中に、選手村のイスラエル選手団の宿舎が占領され、ドイツの警察との銃撃戦で選手とコーチ11人がパレスチナゲリラによって殺害されました。これに対し、イスラエル政府は報復を決意。この事件を計画したPLOの指導者たちを1人ずつ殺害していくのです。これはスティーブン・スピルバーグ監督によって、『ミュンヘン』という映画にもなりました。

■オイル・ショックの引き金となった「第4次中東戦争」

第3次中東戦争で、エジプトはシナイ半島をすべて失い、シリアはゴラン高原を失いました。**6年前の戦争でイスラエルに占領された土地を奪還しようと始めたのが1973年の第4次中東戦争です。** エジプトとシリアは、ユダヤ教の祭日ヨム・キプル（贖罪《しょくざい》の日）に示し合わせ、イスラエルに先制攻撃を仕掛けました。

ヨム・キプルは断食をして祈る日、仕事をしてはいけないのです。この奇襲攻撃で最初のうちはアラブ側が一方的に勝利するものの、「ヨム・キプルだが、ユダヤ人存亡の危機だから戦え」とイスラエル軍が盛り返し、エジプトとシリアを蹴散《けち》らしました。実はこのとき、初期に窮地に立たされたイスラエル軍は、密《ひそ》かに製造していた核兵器を取り出して爆撃機に積み、離陸寸前にまでいっていたことが、後になってわかります。

イスラエルの反撃を受けたアラブ側を支援するため、中東産油国は原油価格の引き上げや供給削減の方針を打ち出します。その結果、世界は石油危機に陥りました。日本もオイル・ショックでトイレットペーパーなどが品薄となる騒動などが起きました。この戦争が引き金だったのです。

エジプトは結局、シナイ半島を返してほしくて、当時のアメリカのジミー・カーター大統領の仲介で大統領の別荘キャンプ・デービッドで和平を結びます。**イスラエルはシナイ半島をエジプトに返す、その代わりエジプトはイスラエルを国家として承認する。「領土と平和の交換」という言い方がされました。**

その後、1981年、エジプトのアンワル＝サダト大統領は、イスラエルに妥協したことに怒ったエジプト軍内部の過激派によって暗殺されます。**イスラエルに妥協すると殺される。**アラブ諸国の政治家たちにとって、**これ以降イスラエルとの交渉が難しくなるのです。**

シリアのゴラン高原はいまも戻っていません。日本の地図では、ゴラン高原は色が塗られず白くなっています。係争地だからです。

ところがアメリカのドナルド・トランプ前大統領は、2019年3月、イスラエルが占領しているゴラン高原は、イスラエルに主権があると発言しました。占領地に暮らすユダヤ人は喜んでゴラン高原に新たに設けた入植地に「トランプ高原」と命名しました。

■レバノンに「ヒズボラ」が生まれた

見てきたように、**4度の中東戦争はほぼ〝イスラエルの全勝〟**といえるのです。軍事力に差がありすぎました。

勢いづいたイスラエルは、今度はレバノンに駐留していたPLO掃討のためにレバノンに侵攻します。1982年のことです。

レバノンという国は、「モザイク国家」といわれます。イスラム教のスンニ派、イスラム教のシーア派、キリスト教のさまざまな宗派がモザイクのように複雑に入り交じっているからです。

レバノンは1975年、国内のキリスト教勢力（マロン派）とPLOを主力としたアラブ人とが衝突し、内戦になっていました。ここへイスラエルが介入して泥沼化。国際的紛争となり、1990年まで続きました。

イスラエルは、レバノンがパレスチナゲリラの活動の拠点になっているとみなしたため侵攻したのです。この戦争の中で、**イスラエルに対抗するために生まれたのが「ヒズボラ」です。**イランの革命防衛隊によって創設されました。

イランでは、イラン・イスラム革命によって1979年に成立したシーア派の政権が、「革命の輸出」を始めます。つまり**自らのシーア派の思想を他のアラブ諸国に広め、イスラム原理主義の政権を樹立しようと考えたのです。**

今回、イスラエルがハマスを攻撃すると、ヒズボラはレバノン南部からイスラエル北部に向かってロケット弾を撃ち込みました。まさに掩護《えんご》射撃です。ヒズボラはシーア派、ハマスはスンニ派なので宗派は違いますが、**同じ「反イスラエル」という点で、ハマスを少しでも背後から助けようとしているのです。**イスラエル軍をレバノン国境付近に引きつけて戦力を分散させ、「ガザ地区のパレスチナ人を支援する」のがヒズボラの狙いです。

日本では「ヒズボラ」と発音していますが、アラビア語の原音に近い表記では、「ヒズブッラー」で、「神の党」という意味です。

シーア派は「アリーの党派」という意味。アリーは、イスラム教において神の声を聞いたというムハンマドのいとこです。ムハンマドの血を引く娘のファーティマと結婚したことから、血筋がいいと考えます。「アリーの血を引いたものこそが、世界のイスラム教徒のリーダーになるべきだ」という考えを持っています。

これに対し、血筋に関係なくイスラム教の教えを守っていればいいという、イスラム教の多数派が「スンニ派」です。

本来、イスラム教は偶像崇拝を禁じています。しかしシーア派はスンニ派よりかなりゆるいところがあって、シーア派の地域へ行くとアリーの絵がけっこう描かれています。

２０２３年、バーレーンのダウンタウンを歩いているとモスクがありました。パッと見ただけでは、それがスンニ派のモスクかシーア派のモスクかわかりにくいのですが、モスクの横にアリーの絵があったので、すぐにシーア派のモスクだとわかりました。

２０１２年には、レバノンのベイルートで、ヒズボラの宗教行事「アシュラ」を取材しました。アリーの次男のフサインが敵対勢力によって無念の死を遂げた歴史があり、その無念を追体験する行事です。

男たちは上半身裸になり、手に持った鎖でわが身を鞭《むち》打ったり、ナイフで傷つけたりして出血させ、フサインの無念に思いを致します。こうして毎年、アシュラの儀式をすることで世界のシーア派教徒の団結心が固められているのです。首都ベイルートでは10万人が「アメリカに死を！」「イスラエルに死を！」と叫びながら行進していました。

ＰＬＯの拠点になっているということで内戦が激化したレバノンは、ＰＬＯの国外退去を要求。アラファトは、反イスラエルの拠点をチュニジアへ移します。

そしてその後「オスロ合意」ができたことによって、チュニジアにいたアラファトたちＰＬＯがイスラエルに戻って来るのです。

■歴史に残る瞬間、1993年の「オスロ合意」

では、パレスチナの「ハマス」はどうやってできたのか。

1982年のイスラエルのレバノン侵攻によりPLOが抑え込まれ、アラファトがチュニジアに移った後、ガザでは、**イスラエルに対するインティファーダ（イスラエルに対するパレスチナ住民の大規模な蜂起《ほうき》）を始めます。**パレスチナ人は武器を持っていなかったので、石を投げました。

そんな中で、パレスチナで福祉活動を行っていたハマスが、1987年に「パレスチナ過激派」となるのです。さらに政治活動団体としての姿も現すのです。

ハマスはもともと、エジプトで設立された「ムスリム同胞団」のパレスチナ支部です。ムスリム同胞団は基本的にイスラム教徒のために奉仕する福祉団体です。それがイスラエルに抵抗するため過激派の顔も持った。PLOやハマスによるテロが続くことで、世界の目はパレスチナに注がれました。

なんとか和平の実現をと、手を差し伸べたのがノルウェーです。**ノルウェーの首都オスロに、イスラエルとパレスチナ双方の代表を招いて秘密裏の交渉を続けた結果、和平交渉がまとまります。**この時点でアメリカが乗り出すのです。**1993年9月にビル・クリントン大統領が見守る中、ホワイトハウスの庭で調印式が行われました。歴史に残る「オスロ合意」**です。

合意の内容は、**ヨルダン川西岸地区とガザ地区を「パレスチナ暫定自治区」に指定し、パレスチナ人による暫定自治を認めるというもの。**将来は、パレスチナ国家の樹立に道を開くものと歓迎されました。**PLOはイスラエルを国家と認め、イスラエルはPLOを、パレスチナ人の唯一の代表と認めました。**

暫定自治政府が設立され、大統領に該当する「議長」にはアラファトが就任。議会に当たる立法評議会の評議員を選挙で選出することになりました。

オスロ合意を成立させたイスラエルのイツハク・ラビン首相と、PLOのアラファト議長（そしてイスラエルのシモン・ペレス外相）は、1994年「中東和平に貢献した」ことを理由に、ノーベル平和賞を受賞します。

ところが、イスラエル国内では反パレスチナの風潮が高まり、当時のイスラエルの野党党首だったベンヤミン・ネタニヤフは、オスロ合意に反対し、占領していたパレスチナ暫定自治区で入植活動を加速させます。

「すべての土地は神がわれわれに与えたものであり、パレスチナ人に自治を認めるのは裏切り者だ」と、**ユダヤ人過激派によってラビン首相が暗殺される事態にまで至りました。**

一方、パレスチナ暫定自治区のガザでは、イスラエルの存在を認めないパレスチナ武装勢力ハマスが勢力を伸ばします。

■テロ組織「ハマス」が選挙で圧勝

カリスマ指導者だったアラファト議長が２００４年に亡くなると、マフムード・アッバスが後任に選出されますが、パレスチナをまとめる力はなく、ヨルダン川西岸地区は穏健派のファタハ（アラファト議長が率いていたＰＬＯの主力勢力）が統治しますが、ガザ地区では過激派のハマスが銃撃戦の末にファタハを追い出して、現在に至ります。**パレスチナ暫定自治政府が2つに割れたのです。**

そして、２００６年の選挙にガザ地区のハマスは政党として参加し、ヨルダン川西岸地区のファタハに圧勝しました。

ファタハは主流でしたが腐敗しきっていたのです。ファタハには、世界から支援のお金が流れ込んでいたので、その援助金で私腹を肥やし、豪邸を建てたり、欧州からパレスチナへ寄付されたドイツ製高級車を幹部の家族が乗り回したり、目に余るものがありました。権力を持つと腐敗するのですね。トップだったアラファト議長は、かなり歳をとってからキリスト教徒の若い女性と結婚するのですが、アラファトが死んだ後、莫大な財産を彼女が相続しました。なぜ莫大な財産を持っていたのか、という話です。

その点、**当時のハマスは清潔でした。**もとはムスリム同胞団パレスチナ支部で、福祉活動に力を入れていたため、ガザで圧倒的な人気がありました。インティファーダを機に過激になっても、支持は高かったのです。

皮肉なことに、欧米では「テロ組織」と呼ばれていたハマスが、選挙をしたら勝利し

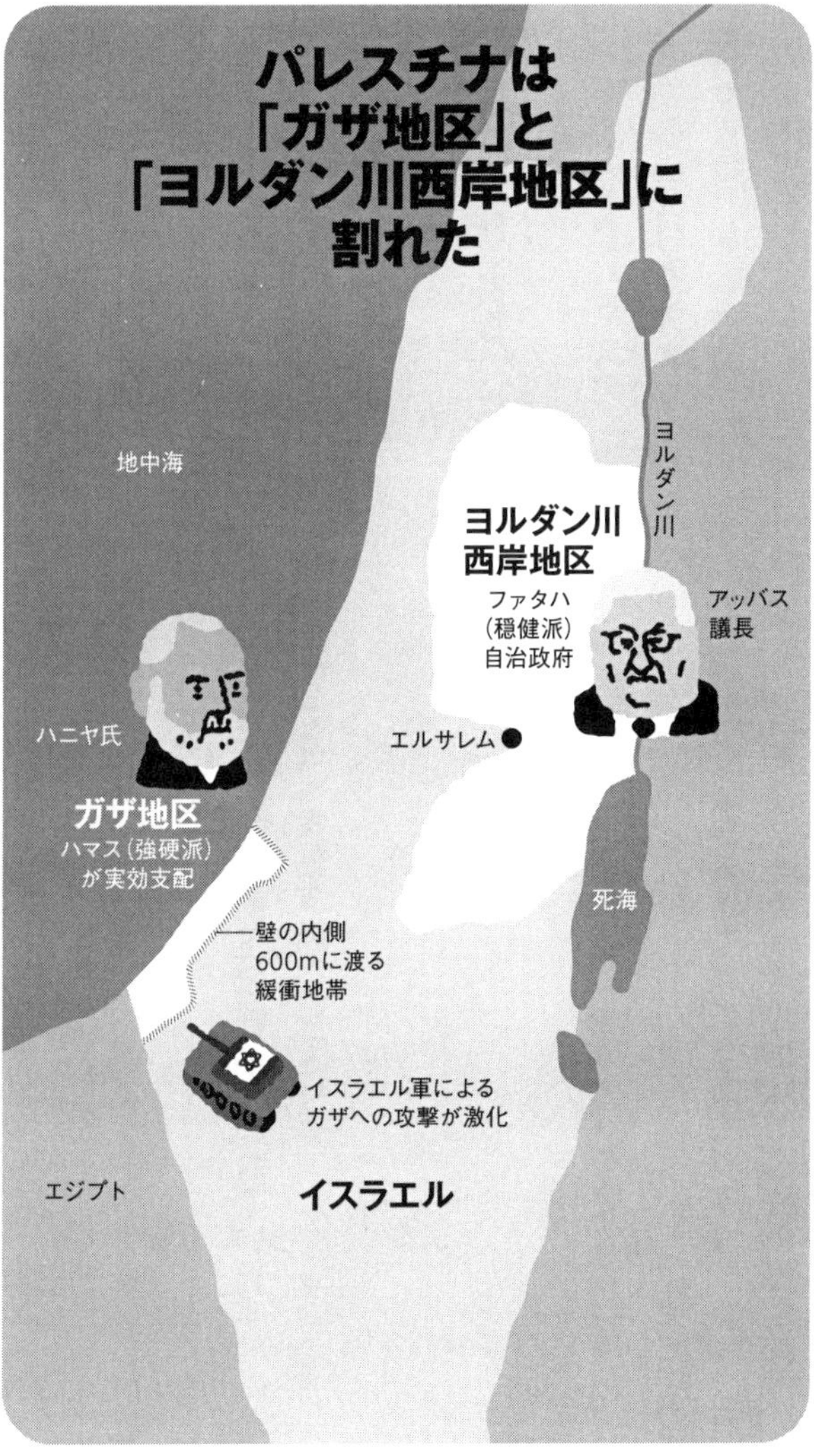
パレスチナは
「ガザ地区」と
「ヨルダン川西岸地区」に
割れた
地中海
ヨルダン川
ヨルダン川
西岸地区
ファタハ
（穏健派）
自治政府
アッバス
議長
ハニヤ氏
エルサレム
ガザ地区
ハマス（強硬派）
が実効支配
死海
壁の内側
600mに渡る
緩衝地帯
イスラエル軍による
ガザへの攻撃が激化
エジプト
イスラエル

たのですね。ただ、国際社会は「ハマスは自爆テロをするテロ組織だから認められない」と、ハマスを認めませんでした。

その後は選挙が実施されていません。２０１８年には立法評議会自体が解散してしまいました。**暫定自治政府は機能していないのです。選挙によるハマスの任期は切れていますから、政治的正統性は失われています。**だからハマスのことを説明する際、「パレスチナを〝実効支配〟している」という言い方をするわけです。

■「天井のない監獄」に暮らす絶望

ガザ地区で、**ハマスの「実効支配」が始まると、イスラエルはガザを完全に封鎖し、人や物の出入りを停止しました。**

ハマスは、抗議行動としてイスラエル国内で爆弾テロを起こします。イスラエル政府は「自国民をテロから守るため」として、**ヨルダン川西岸地区とガザ地区を囲むように**

分離壁を建設しました。周囲は高いコンクリートの壁（最も高いところで8ｍ）に囲まれ、ガザの住民がイスラエルに入れないようにしています。その結果、ガザ地区は**「天井のない監獄」**と呼ばれるようになりました。

このガザ地区を、２０１３年末に取材しました。イスラエルからガザ地区に入るには、検問所でイスラエル軍による厳重な審査があります。私は外国のメディアとして入ることができましたが、一般のパレスチナ人は自由な通行が認められていません。

本来、ガザは風光明媚《ふうこうめいび》なところです。ガザ地区の西側には美しい地中海が広がっていますが、こちらもイスラエルの警備艇が出入りを監視しています。

コンクリートの壁の内側は約６００ｍに渡る緩衝地帯です。ここを約5分かけて徒歩で通過することで、ようやくパレスチナ側に入ることができました。と思ったら急な雨が降り、あっという間に道は洪水状態に。下水道が不備だからです。し尿処理場も壊れたままで、悪臭が鼻を突きます。私も「天井のない監獄」を実感しました。

産業らしい産業もなく、失業者は5割に迫っています。住民の8割はＵＮＲＷＡ（国連パレスチナ難民救済事業機関）から食料の援助を受けている状態です。子どもの3割は栄養失調だといいます。

狭い場所に閉じ込められ、国連の支援に頼る生活。絶望感が深まるほど、ハマスの抵抗運動は過激化し、ハマスへの支持も高まっていきました。

もちろん今回のハマスの蛮行は到底認められるものではありませんが、背景にはこうした絶望的なガザの現状があることを知ってください。

イスラエル軍がガザ地区のハマスを攻撃するようになると、イスラエル軍は北部の住民に「南部へ避難しろ」と指示。ところがその一方で、難民であふれかえった南部を攻撃しました。

ガザには、200万人以上のパレスチナ人が居住しています。イスラエル政府の強硬派は、このガザの住民をエジプトのシナイ半島に強制的に移住させる計画案を作成していたことが判明しています。

30年前、オスロ合意には明るい兆しを感じましたが、**パレスチナ情勢はどんどん悪い方向へ進んでしまったのです。**

とくに今回の、イスラエルの無差別攻撃は明らかに「行き過ぎ」でしょう。ハマスを

イスラエルとパレスチナをめぐる歴史

1915年〜1917年	第1次世界大戦中、イギリスの3枚舌外交
1947年	国連でパレスチナ分割決議が決議される
1948年	イスラエル建国宣言。 その翌日に第1次中東戦争勃発
1956年	第2次中東戦争
1967年	第3次中東戦争
1973年	第4次中東戦争

アメリカ
クリントン
大統領
PLO
アラファト
議長
イスラエル
ラビン首相

1993年	オスロ合意（パレスチナ暫定自治宣言）
1994年	イスラエルのラビン首相、ペレス外相、 PLOのアラファト議長がノーベル平和賞を受賞
1995年	イスラエルのラビン首相暗殺
2004年	PLOのアラファト議長死去
2005年	イスラエルがガザ地区から撤退
2007年	ハマスがガザ地区を制圧
2014年	ハマスとイスラエルがガザ地区で交戦
2020年	アラブ首長国連邦とイスラエルの間で アブラハム合意締結
2022年	イスラエルで第3次ネタニヤフ政権が発足 イスラエル史上、最も右寄りの政権と言われる
2023年	ヨルダン川西岸地区でイスラエルが大規模空爆 ハマスがイスラエルを奇襲攻撃。戦闘状態へ

殲滅《せんめつ》するためなら、どれだけ犠牲が出ても構わないというような攻撃です。

イスラエル軍の報道官の発言には驚きました。ガザ地区での戦闘での死者数について、「イスラム組織ハマスの戦闘員1人につき民間人2人の死者で済んでいる。非常にうまくいっている」と言ったのです。「ハマスを支えているのはガザの連中だ。選挙でハマスを選んだのはお前たちだ」と言わんばかり。

ただハマスのやり方も狡猾《こうかつ》です。わざと学校や病院のすぐ近くに拠点をつくっているのです。ハマスがイスラエルを攻撃するたびに必ず報復攻撃を受けることから、ガザの住民が巻き添えになります。不満が高まり、「反ハマスデモ」も起きていました。

なぜハマスは、このような攻撃をするのか。イスラム法には、敵を攻撃するのに女と子どもが邪魔になるなら女、子どもを盾にしてもいいとされているのです。ハマスにしてみれば、敵との戦いで犠牲になるのは聖戦「ジハード」。みんな天国へ行けるのだからいいじゃないか、という発想です。日本の感覚とはまったく違います。

■ユダヤ人をより理解するための書籍や映画

今回の衝突に至る歴史的背景を、駆け足で解説しました。あまりに複雑なので、これまでの歴史をより理解するのに役立つような書籍や映画を紹介しておきます。

まずは**「ドレフュス事件」（1894年）**にまつわるものです。

ドレフュス事件は、ユダヤ人というだけで無実の罪を着せられてしまったフランス将校の話です。フランス軍の機密情報をドイツに流して金をもらっていたという容疑でした。

フランスの作家エミール・ゾラは、この事件に強い関心を抱き、アルフレッド・ドレフュスを弁護する『私は弾劾する』という文を新聞に発表しました。当時のフランスにおいて、いかにユダヤ人差別が根強かったかがわかります。

最終的には無罪になるのですが、ユダヤ人はヨーロッパにいては差別される。フランス革命を成功させ、自由や人権を重んじるフランスですら……。だからユダヤ人はユダヤ人の国をつくらなければならないという「シオニズム運動」につながりました。

ドレフュス事件の取材をしていたテオドール・ヘルツルというジャーナリストが書いた『ユダヤ人国家』という本も興味深いですし、この話を映画化した『オフィサー・アンド・スパイ』もあります。

続いて**「アイヒマン事件」**にまつわるもの。第2次世界大戦後、イスラエルという国ができた後の事件です。先にも述べた通り、第2次世界大戦時、およそ600万人のユダヤ人がナチス・ドイツによって殺されました。

このとき、ユダヤ人をアウシュビッツ強制収容所に移送することを、官僚として手際よくこなしていたゲシュタポ（ナチス・ドイツの秘密国家警察）のアドルフ・アイヒマンという人物が、ドイツが負けた後、いなくなるのです。アイヒマンは戦後、アルゼンチンに逃亡していたところ、イスラエルの諜報《ちょうほう》機関「モサド」が発見してイスラエルに連行しました。アイヒマン夫妻の結婚記念日はわかっていたので、この日になにかするのではないかと本人と思われる人物を張っていたところ、花束を買って帰ったことが決め手となりました。

裁判でアイヒマンは、「私はユダヤ人殺害に直接手を下していない。任務に忠実な役人としての仕事をしただけだ」と釈明しました。

ナチス・ドイツのユダヤ人虐殺の責任者ということで、アイヒマンはイスラエルで処刑されます。処刑された後、イスラエルでは法律により火葬が禁止されているのですが、遺体は火葬されます。こんな汚らわしい人物は焼いてしまえと、アイヒマンだけの焼却炉をつくり焼き尽くして灰にするのです。

映画『スペシャリスト〜自覚なき殺戮《さつりく》者〜』は、アイヒマン裁判を描いたドキュメンタリーです。

ユダヤ人哲学者ハンナ・アーレントは、「誰もがアイヒマンになりうる」と主張しました。「悪の凡庸さ」という言葉が使われました。アイヒマンは極悪人ではなく、命令に従っていただけだ。ということは、誰でも無自覚のうちにアイヒマンのようになってしまう可能性があると警鐘を鳴らしたのです。

アーレントが書いた『エルサレムのアイヒマン』は、彼女の代表的著書ですし、映画『ハンナ・アーレント』を観ると、より理解が深まります。

最後に、前述の**「ミュンヘン・オリンピック選手村襲撃事件」（1972年）**にまつわるものです。今回、イスラエル政府が「これは新たな〝ミュンヘン・オリンピック選手村襲撃事件〟だ」と言いました。

1972年、西ドイツ（当時）で開かれたミュンヘン・オリンピック中、武装したパレスチナのテロリスト集団「黒い九月」によって、イスラエル選手団11人が犠牲になりました。映画『ミュンヘン』では、襲撃事件に関わった「黒い九月」の黒幕全員を捜し出し、1人ずつ暗殺していくというイスラエルによる徹底報復が描かれています。

いま、ハマスの戦闘部隊はガザで戦っていますが、政治部門の幹部はガザではなく、カタールなどの高級ホテルでセレブ生活を送っています。

ハマスも腐敗してしまったのです。イランから莫大な資金が入ったからでしょう。

イスラエルはそのハマスの指導者全員を暗殺して、完全に勝利するまで戦うと宣言しています。そのための特殊部隊まで結成したというのです。すさまじい復讐《ふくしゅう》心です。

■イスラエルの選挙制度に問題あり

今回のハマスによるテロは、**イスラエルのネタニヤフ政権がパレスチナを追い詰め過ぎたことも一因だろうと指摘されています。**

２０２２年のイスラエル総選挙で、ネタニヤフが率いる右派政党「リクード」が第１党になり、ネタニヤフが首相に返り咲きました。自らの汚職問題で１年半前に政権を失ったのに、奇跡の復活です。

オスロ合意により、まずヨルダン川西岸はＡ地区、Ｂ地区、Ｃ地区に分け、Ａ地区はパレスチナ人の１００％自治を認める、Ｂ地区は、行政はパレスチナ人、警察はイスラエルが主導、Ｃ地区は行政も警察もイスラエルと決められていました。

それなのにネタニヤフ政権は、対テロ政策と銘打ってさまざまな攻撃をしたり、「ここは自分たちの土地だ」と勝手に入っていって住宅をつくったり、**パレスチナ人の土地をどんどん奪っていきました。**

ネタニヤフ政権になる前は、パレスチナ暫定自治区への入植を認めていませんでした。
クリントン政権時代、あるいはバラク・オバマ政権時代は、アメリカもイスラエルの入植を一切、認めていません。

『週刊文春』で対談したイスラム学の専門家・飯塚《いいづか》正人《まさと》氏によれば、イスラエルの選挙制度に問題があるといいます。「一院制のイスラエルが完全比例代表制を変えなければ、問題は解決しない」というのです。

イスラエルは世界各地から出身地や宗教に対する立場の違う人が集まっていますから、**完全比例代表制をとると、小さな政党が乱立します。**20％ほどアラブ系の住民もいて、アラブ系の政党も議席を持っています。**完全比例代表制はとても民主的なのですが、結果的に少数の意見が反映されるため、極右も議席を持つのです。**

一院制の議会の定数は120で、政権樹立に必要なのは過半数。単独で取れる政党は存在しません。ネタニヤフが率いる「リクード」は第1党ですが32議席ですから、**単独では組閣できず、今回は大きく躍進した極右政党「宗教シオニズム」などと連立を組みました。**重要閣僚にも起用しています。

極端に走りやすい？
イスラエルの選挙制度の問題点

過半数61議席
「宗教シオニズム」などの極右政党が躍進
政権を取るために極右政党と連立を組む
ネタニヤフが率いる「リクード」は32議席
イスラエル史上「最も右寄り」のと言われる政権
左
右

その結果、イスラエルの極右閣僚は、イスラム教の聖地である神殿の丘にある「アルアクサ・モスク」を訪れ、イスラム教徒を挑発するなど、パレスチナに対するさまざまな嫌がらせをしています。これにパレスチナ人が反発しているのです。

極右のユダヤ人の中にはヨルダン川西岸地区のパレスチナ自治区にオスロ合意に反して入植地を作って住み着く人たちがでています。周りのパレスチナ人が反発すると、入植地のユダヤ人たちは周囲のパレスチナ人の住宅を襲撃したり、パレスチナ人を射殺したりしていますが、イスラエルの警察も軍も黙認しているのです。

イスラエル史上、「最も右寄り」といわれる新ネタニヤフ政権の誕生で、パレスチナの我慢も限界になったのではないかというわけです。

選挙の結果で、たとえば以前はパレスチナとの和平を推進する労働党など、リベラルな穏健派が政権に入ると、「パレスチナと共存していこう」という動きになっていました。イスラエルにも和平派はいるのです。

2005年にイスラエルがガザ地区を放棄したときは、入植していたユダヤ人をイスラエル政府が追い出しました。パレスチナとイスラエルの2国共存を考えると、ヨルダン川西岸地区に入植しているユダヤ人をどうするかが問題でしょう。

■ネタニヤフによるネタニヤフのための改革

ネタニヤフは、汚職裁判を抱えたままで首相に返り咲きとなりました。**ネタニヤフ連立政権が最も力を入れたのが、司法制度改革です。**

ネタニヤフは、最高裁判所が有罪判決を出しても、議会がそれをひっくり返すことができる法律を成立させようとしました。

この改革は、ネタニヤフ自身が「有罪判決を逃れるための改革」と見られ、35万人の市民の抗議デモが起きました。イスラエルが民主主義の国ではなくなるのではないかと、イスラエル国内だけでなく、欧米諸国からも批判が相次ぎました。

しかしハマスによるテロによって、イスラエル国内のムードは一変、ネタニヤフ首相は野党も加わる「戦時内閣」を発足させ（加わらない野党も存在するが）、**国民の意識はハマスに対する報復に集中し、政権批判から目をそらされてしまいました。**

ネタニヤフ首相は、2023年10月7日のハマスの奇襲攻撃を察知できず、1200人もの市民の犠牲を出した責任が問われています。ハマスとの戦闘が終われば辞任に追い込まれるのは必至でしょう。

ネタニヤフにしてみれば、戦争が続くほど自分は首相を続けられる。停戦合意を拒否する理由が、ここにあるのかもしれません。

■内包される「超正統派ユダヤ教徒」への不満

少し話が脱線しますが、**イスラエル国内には約20%アラブ人がいる**と説明しました。イスラエルにいるアラブ人は当然、パレスチナに同情的ではありますが、イスラエルに残り、イスラエル国籍を持っているため、あまり声には出しません。

アラブ人は出生率が高いので、**いまイスラエル国内ではアラブ人の比率がどんどん高まっています。**このままだと21世紀中には、ユダヤ人よりアラブ人のほうが多くなるかもしれません。危機意識を持っているイスラエルは、世界中からユダヤ人を呼び集めようとしています。

そんな中、ユダヤ人でありながら出生率を上げている少数派がいます。それが**「超正統派」と呼ばれるユダヤ教徒**です。

真っ黒なスーツに身を包み、黒い大きな帽子をかぶり、あごひげを蓄え、クルクル巻きの長いもみあげがトレードマーク。ひと目でユダヤ教徒とわかる格好で、普通に街を歩いています。彼らはユダヤ教徒の中でも最も忠実に、「トゥーラー」の戒律に従って生きています。旧約聖書には「産めよ、増えよ、地に満ちよ」との記述がありますから、子だくさん。イスラエルの合計特殊出生率（1人の女性が一生の間に産む子どもの数）は、先進国の中で飛び抜けて高く3・0を超えるのですが、**超正統派の合計特殊出生率は6・0を超え、イスラエル全体の数字を押し上げています。**

彼らは一生を「聖書の研究」に捧《ささ》げるので、働かず、国の生活保護を受けて暮らします。イスラエルでは、18歳以上の男女は兵役に就く義務がありますが、それも免除されています。

これを〝特権〟だと考えるイスラエル国民もいて、「国家に寄生している」と反発が高まり、**国内で社会的な分断が深まっています。**

ちなみに、超正統派の人たちは「国は神様からもらうもの」なので、土地争いの戦争には反対の立場ですから、ますますイスラエル国内で疎まれています。

■ガザを応援する「フーシ派」とは？

反イスラエルの組織といえば、レバノンのヒズボラの他にも、**イエメンの「フーシ派（正式にはアンサール・アッラー［アッラーの支持者］）」**があります。紅海《こうかい》を航行中の船舶を乗っ取る事件を起こし、最近よくニュースでも報道されるようになりました。

フーシ派はシーア派ですが、スンニ派のハマス支持を表明しています。やはりシーア派のヒズボラと同じく、「敵の敵は味方」でハマスを応援しているのです。

もともとフーシ派はイエメンの暫定政府に対する、抵抗勢力でした。イエメンの歴史について説明しましょう。

イエメンは、もともと南北に分かれていました。東西冷戦時代、朝鮮半島が北朝鮮と韓国に、ドイツが西ドイツと東ドイツに分かれていたのと同じです（朝鮮半島は分かれたままですが）。南北というより東西に近いのですが、地図で見ると、西側が北イエメン、東側が南イエメンです。

歴史を遡れば、北イエメンはオスマン帝国の支配下にあり、南イエメンはイギリスが植民地にしていました。南イエメンはイギリスから独立を果たしたとき、ソ連（ソビエト社会主義共和国連邦）寄りの社会主義国になります。

結果的に、**北はイスラム教の資本主義の国、南はソ連寄りの社会主義の国**になるのです。

ところがソ連が崩壊し、ドイツと同じように１９９０年に南北が統一します。

北イエメンのほうが、人口、経済ともに大きく、南イエメンは貧しい国だったのです。統一されたとき、北部はイスラム教ザイード派（シーア派系）に、南部はイスラム教シャーフィイー派（スンニ派系）になりました。**シーア派とスンニ派が共存する国になったのです。**

■フーシは組織をつくった人の名前

1900年代半ば、サウジアラビアで石油が見つかると、サウジアラビアが周りに影響力を広げようと、北イエメンのザイード派がいるところにスンニ派のモスクを建てました。これに対し、シーア派系のザイード派が反発するのです。

サウジアラビアはイスラム教スンニ派の大国です。**サウジアラビアに抵抗し、「フーシ派」というのが誕生**するのですね。ちなみに「フーシ」というのは不思議な名称ですが、この組織をつくった人の名前です。

サウジアラビアはアメリカと仲が良かったので、アメリカから大量に武器を買っていました。中東で、反米国家といえばイランです。**結果的に北イエメンはイランの支援を受けるようになります。アメリカ対イランという図式になります。**

最初は宗教的な対立でしたが、そのうちフーシ派は反政府組織になります。

きっかけは「アラブの春」。イエメンでは、2011年のアラブの春によって長期独裁政権が崩壊しました。その後、**2015年から、サウジアラビアを後ろ盾にしたハディ政権と、イランの支援を受ける反政府勢力「フーシ派」の間で、内戦となります。**イエメン内戦の構図が、スンニ派対シーア派になっていることから、外部の介入を招きます。

フーシ派が首都を制圧すると、サウジアラビア、UAE（アラブ首長国連邦）などが軍事介入し、内戦は泥沼化しました。

現政権の大統領はスンニ派です。同じスンニ派のサウジアラビアと手を組んで、フーシ派の地域を取り戻そうとしているのです。フーシ派は、イランと手を組んで武器を供与してもらう。**イエメン内戦は、いわばイランとサウジアラビアの代理戦争です。**

■イエメン内戦は世界最悪の人道危機

フーシ派は、イエメン内戦で力をつけた組織です。それが、イスラエルのガザ攻撃をきっかけに紅海航行中の船を攻撃し始め、急に注目されるようになりました。

これまでイエメンからサウジアラビアを攻撃していたのに、「ハマスへの連帯」を示し、イスラエル関連の船舶を攻撃しているのです。「イスラエルのガザ侵攻を止めろ」という抗議活動です。

イエメンは、石油や天然ガスがほとんど出ません。世界最貧国といわれるところで代理戦争が続き、すでに37万人以上が犠牲になりました。**国連はイエメン内戦を、「世界最悪の人道危機」と呼んでいます。**

イエメン内戦自体はまだ終わっていません。サウジアラビアとイランが、中国の仲介でとりあえず国交を正常化するという動きがありましたが、これはイエメン内戦をなんとか終わらせようという思いもあったのです。

サウジアラビアも、ＵＡＥもかなり兵士が殺されダメージを受けています。とくにＵＡＥは外国人労働者によって成り立っているので、そもそも国籍を持っている兵士の数は少ない。ＵＡＥはサウジアラビアを裏切って、さっさと撤退してしまいました。

■サウジアラビアの傭兵

2023年11月にサウジアラビアに取材に行ってわかったのですが、サウジアラビア軍はパキスタン人を傭兵《ようへい》として雇っていました。パキスタン人に金を払って、フーシ派と戦わせているのです。

ちなみに、ウクライナを攻めているロシア軍にはネパール人の傭兵が加わっています。ネパール人はもともとイギリス軍の傭兵として世界中で戦ってきました。「グルカ兵」といいます。母国で仕事を見つけられないため、他の国の軍隊の誘いに応じるのですね。

フーシ派が紅海を通る船を乗っ取ることで、世界に影響が出ています。世界のコンテナ船の約3分の1がスエズ運河を通っています。**スエズ運河が通れないと、喜望峰を回らなければならなくなり、コストがかかります。**

スエズ運河を管理しているエジプトも、いい迷惑です。通行料が入らなくなり、外貨収入を失ってしまうからです。

事態を解決するには、短期的にはハマスとイスラエルの停戦が必要ですし、長期的にはイエメン内戦を終わらせなければいけません。難題です。

ウクライナの問題があって、私たちは中東のことを忘れていました。今回、やっぱり中東問題は終わっていないのだということに気付かされました。**パレスチナが平穏な状態に戻ってこそ、国際情勢が落ち着いていくのです。**

■変貌するサウジアラビア

2023年は、久しぶりにサウジアラビアにも取材に行ってきました。10年ほど前に2回行きましたが、今回は**ムハンマド・ビン・サルマン皇太子のもとで、「ポスト石油の時代」に向けて脱皮しようとしている本気度を感じました。まさに激変していたのです。**

スンニ派の大国なのに、パレスチナのハマスへの連帯を示すわけでもなく、サウジアラビアとしては、「ようやく地域が安定に向かっていたのに、ハマスに邪魔された」とさえ思っている気配です。

政治的発言の自由はありませんが、厳格なイスラムの国だったのが、ムハンマド皇太子のツルの一声で映画館ができていたり、マネキンの顔がそのままついていたりしました。10年前はマネキンの顔が全部、切り落とされていたのです。偶像崇拝につながると判断されていたからです。

髪の毛を隠そうとしない女性の姿も見られました。年配の女性はいまも目以外を全部隠していますが、長い髪をなびかせ、鼻ピアスをしている女性までいました。

さらに、10年前はマクドナルドなど、いろいろなレストランで「男性用」と「家族用」の入り口に分かれていましたが、いまは多くのレストランが性別に関係なく自由に入れるようになっていました。これまで、女性は家族と一緒でないと1人では歩けなかったのですが、いまは1人で車を運転することも可能です。

そもそも、サウジアラビアは観光で訪れることができませんでした。商用かイスラム教徒の巡礼目的でしか入国が認められていなかったのです。それが**2019年9月より観光ビザを解禁しています。**

■砂漠の未来都市「THE LINE」

ムハンマド皇太子が力を持ったのは、自分のライバルになるような王子たちを次々と汚職容疑で逮捕したからです。王族なので警察の留置場に送るわけにもいかず、拘束するのはサウジアラビアの首都にある5つ星ホテル、リッツ・カールトン・リヤド。世界一優雅な留置場といわれました。当時、サイトを見たら予約が停止されていました。逮捕された王子たちは、全財産を没収した上で釈放されました。これによりライバルはいなくなったのです。高齢のサルマン・ビン・アブドゥルアジーズ国王は息子に任せきりです。

ムハンマド皇太子はいま、国内北西部のタブーク州に全長170㎞におよぶ未来都市「THE LINE」を建設中です。高さ500mの新しい直線型の高層都市をつくろうとしているのです。巨大空間には900万人が住めるといいます。巨大な未来都市です。

前述の通り、私は2023年暮れには中東取材を再開し、バーレーン、クウェート、ドバイ、サウジアラビアなどの中東の国へ行きました。バーレーンは、首長（国王）はスンニ派ですが、国民はシーア派が多く、かつ開放的です。酒も大っぴらに飲めます。サウジアラビアからバーレーンへは、橋を渡って行けます。この橋を使って、週末はサウジアラビアからバーレーンへ遊びに行く、つまり酒を飲みに行く人たちがいるようです。

敬虔《けいけん》なイスラムの国から脱皮し始めたサウジアラビア。観光、外交、経済発展……、いろいろな意味で注目の国です。

第4章　中国の失速、習近平の迷走

■異常だったマンションブーム

さて、アジアで注目といえばやはり中国です。

これまで、世界経済を牽引《けんいん》してきた中国ですが、このところ**経済成長に急ブレーキがかかっています。**過去の成長エンジンが使い果たされたのです。

2023年には、外国の投資家の撤退やムーディーズ格付け見通しの引き下げなどがあり、**中国への投資意欲は引き続き減退する**とみられています。

中国はこのところずっと日本の貿易相手国1位でした。世界は中国の爆買いに期待し、多くの国が経済的に中国に依存してきました。中国がコケると、世界経済にも大きな影響があります。

中国の失速の一番大きな原因となっているのが、不動産、とくにマンション購入の停滞です。中国人はこれまで、住むためではなく、「買っておけば値段が上がる」と、投資のためにマンションを買っていました。

中国の場合、土地は国の所有物なので売買できません。土地の使用権を売買する形になります。**不動産会社が土地の使用権を買ってマンションを次々と建設、それが売れて値上がりしてきたのです。**あまりのブームから、地方では、「1世帯2戸まで」と購入制限をしたところもあります。そうすると、なんと偽装離婚をして、2戸ずつ購入する家庭まで出る始末。

マンションが値上がりすると、資金力のある一握りの富裕層は儲かるでしょう。しかし、本当にマイホームを買いたい人が買えない状況になり、不満が高まりました。

習近平《しゅうきんぺい》国家主席は、「金儲けのためのマンション購入をやめさせよう」と、各銀行に対して「マンション建設業者にあまりお金を貸さないように」と、**規制を始めました。**

■1位、2位の不動産会社が危機に

この状況は、過去の日本を思い出します。1980年代の終わり、日本でも不動産バブルに浮かれた人が大勢いました。その一方で、真面目にコツコツ働いて頭金を貯めてきたサラリーパーソンから、「不動産価格が値上がりしてマイホームが持てない」という不満の声があがりました。

そこで当時の**大蔵省が始めたのが「総量規制」**でした。銀行に対して「不動産を購入するために金を貸してほしい」と言ってくる企業や個人に対し、「これからは安易に貸すな」と指導したのです。

不動産取引への貸し出しは、不動産以外の分野も含めた総貸し出しの伸び率を上回らないようにするという指導だったので「総量規制」と呼ばれました。

金融機関が不動産取引に必要な資金の貸し出しを渋った結果、不動産価格は暴落、不動産バブルははじけました。

いまの中国も同じです。不動産バブルを退治しようと、政府が不動産融資に上限を設けるなど、土地価格を抑制しようとした結果、土地の価格が一気に下落。不動産業者が資金不足に陥って建設が途中でストップしてしまいました。それが未完成のまま放置されています。

中国の習近平国家主席は、**国内の格差をなくしたいと、「共同富裕」を掲げています。**

みんなが豊かになろうというわけです。窮地に陥った不動産業者を助けると庶民から不満が出てくるので、うっかり助けることもできません。

不動産販売面積第2位の中国の「恒大《こうだい》集団」は、アメリカ国内でアメリカ連邦破産法第15条の適用を申請しました。恒大集団は、2016年には売上高で世界最大の不動産企業に上りつめた中国のシンボル的な企業です。

ニュースを見て、破産したと思っている人も多いようですが、破産ではありません。この条文は外国企業がアメリカ国内に保有する資産を保全する手続きをとるためのもの。中国の恒大集団はアメリカ国内にも投資をしてきたので、アメリカにそれなりの資産があります。それをカタとして差し押さえられるのを防ごうという手続きです。

借金の返済が滞ると、借りた相手から「金返せ」と要求されます。応じないと、資産を取り上げられる可能性があります。すると再建ができなくなってしまうので、いったん借金の返済を猶予してもらおうというものです。

中国で2番目の不動産会社がそういう状況なら、1位はどうなのか。

最大手の「碧桂園《へきけいえん》」は、借金を返せないばかりか、社債の利払いも実行できず、ついに中国政府が広東省《カントン》政府に対し救済の手配をするように命じました（恒大集団もその後、債務の再編困難で、3月に申請を取り下げました）。

■中国で急増「3元均一」ショップ

不動産というのは、関連する業態の裾野《すその》が広いのです。セメント、コンクリート、鉄から、家具に至るまで、さまざまなものが売れます。これまで**中国のGDP（国内総生産）の3割は不動産**関連だったといわれています。

日本の不動産バブルがはじけたのは約30年前のことですが、バブルが崩壊して、モノが売れない↓企業が儲からない↓給料が上がらない、**つまりデフレに苦しむことになりました。中国はいま、日本と同じ道を辿《たど》ろうとしているように見えます。**

ちなみに、中国には不動産ともう1つ成長エンジンがありました。IT（情報技術）産業です。アリババ集団などがたいへん大きな利益を挙げていました。その結果、所得格差が大きくなりすぎたというので、**IT企業への規制も強化しました。**

ネット通販大手アリババの共同創業者ジャック・マーが、中国共産党をちょっと批判した途端、「儲け過ぎはいけない」というキャンペーンが張られ、彼は表舞台から姿を消しました。

中国政府は２０２０年11月、アリババ集団傘下の金融会社の新規株式公開（ＩＰＯ）を延期に追い込んで以降、独占禁止法違反でアリババに約１８２億元の罰金を命じたりするなど、ＩＴ企業に対する締め付けを強化していったのです。

その結果、ＩＴ産業もすっかり元気をなくしてしまいました。これまで**中国の経済を牽引してきた２つの産業が落ち込むことで、中国経済は行き詰まり、その結果、若年層の失業率が上がる結果となっているのです。**

中国は近代化を進めるために大量に大学をつくりました。毎年、約１０００万人もの高等教育機関の卒業生がいるので、「大学は出たけれど……」という若者も増えています。

仕事がないわけではありません。現場の作業員の仕事など、いわゆる３Ｋ仕事はあるのですが、大学を出るとホワイトカラーの仕事に就きたいと思うのでしょう。大学生を満足させる就職口がないために、**大学を出ても就職しない。そんな若年層が、「寝そべり族」や「専業子ども」になっている**というわけです。

そんな不安の高まりとともに、いま中国で急増しているのが、「3元均一」ショップです。

バブル崩壊後、日本では100円ショップやディスカウントストアが人気となりましたが、中国は日本よりさらに安い、3元（約60円）ショップが人気。**中国人の間で節約志向が広がっているのですね。**

■世界を敵に回す中国の「改正反スパイ法」

中国政府は、2024年3月5日からの全人代（中国で重要政策を決める全国人民代表大会）で、経済成長率の目標を昨年（2023年）と同じ水準の5％前後にすると明らかにしました。

目標の実現に向けて李強《りきょう》首相は、積極的な財政政策を続ける方針を示した上で、**外国**

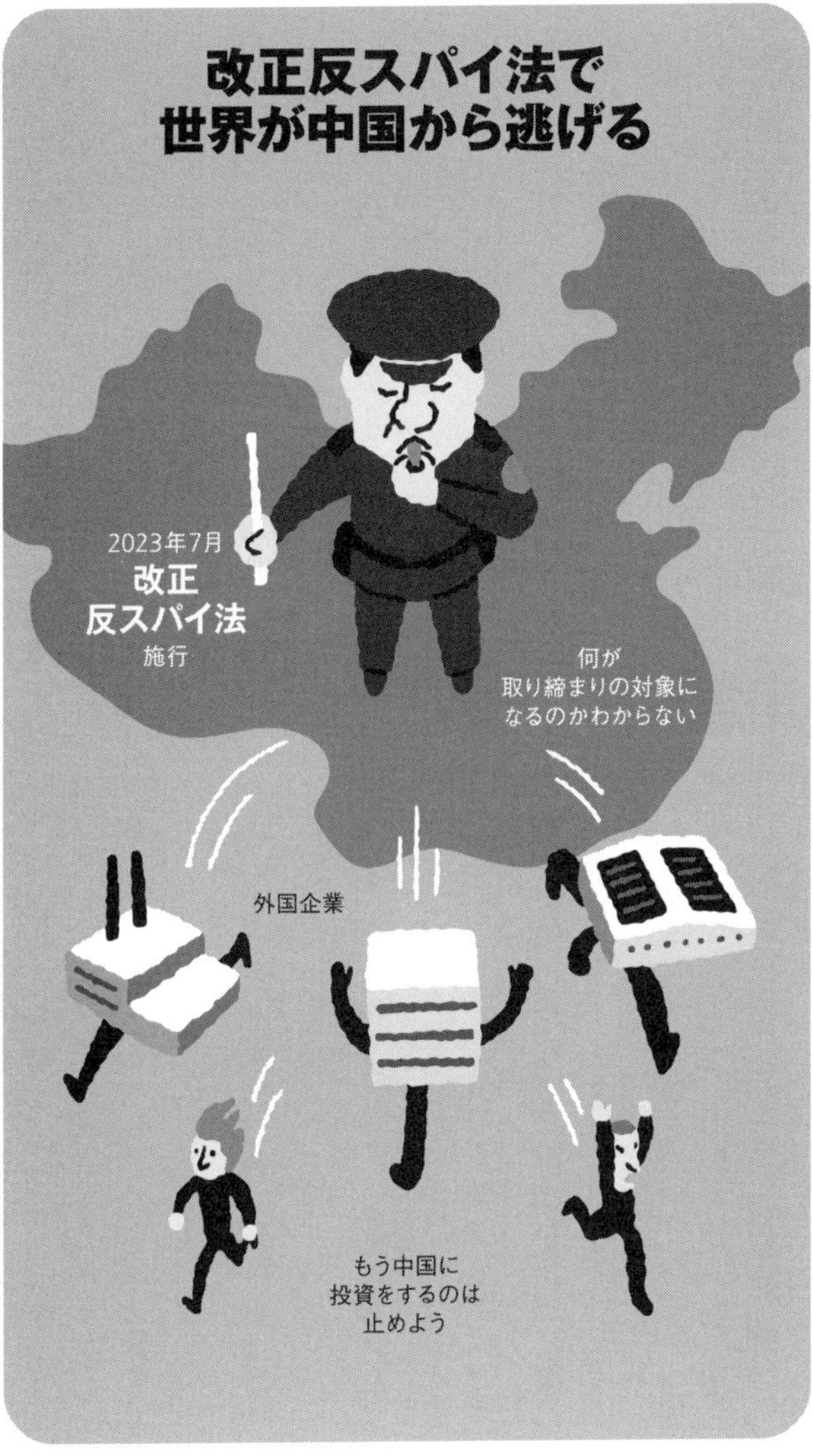
改正反スパイ法で
世界が中国から逃げる
2023年7月
改正
反スパイ法
施行
何が
取り締まりの対象に
なるのかわからない
外国企業
もう中国に
投資をするのは
止めよう

からの投資の呼び込みを通じて、安定的な成長を目指す考えを示しました。

「外国からの投資の呼び込み」といっても、中国では、2014年に「反スパイ法」が施行されて以降、中国に派遣された社員がスパイ行為に関与したとして当局に拘束されるケースが相次いでいます。

反スパイ法をめぐっては、スパイ行為の定義があいまいだと指摘され、国際社会からは「法律が恣意《しい》的に運用されるおそれがある」と懸念されてきました。

にもかかわらず、**2023年7月、スパイ行為の定義が拡大された「改正反スパイ法」が施行されました。**

改正された法律では、これまでの「**国家の秘密や情報**」に加え、「**国家の安全と利益に関わる文書やデータ、資料や物品」を盗み取ったり提供したりする行為が新たに取り締まりの対象になった**ようです。

日本人はこれまで、17人がスパイ容疑で捕まり、いまも5人が拘束されています。1人は服役中に病気で亡くなりました。中国側はどのような行為が法律に違反したのか、具体的に明らかにしていません。

こうした現状を鑑《かんが》みて、外国企業は「もう中国に投資をするのは止めよう」と警戒感を高めるのは当然のことでしょう。**経済の停滞、スパイ対策の強化で、中国の外資誘致には暗雲がたちこめています。**

■中国もまもなく日本のようになる

さらに、中国は日本と同じ〝あの〟問題を抱えています。少子高齢化です。

中国は2022年から、61年ぶりに人口が減り始めました。合計特殊出生率（1人の女性が一生の間に産む子どもの数）は、日本が1・26なのに対して、中国は1・09と、**日本より速いスピードで少子高齢化が進んでいるのです。**

中国では1979年から行われた人口抑制策「1人っ子政策」により、子どもの数が減少。2016年から全面的な「2人っ子政策」を開始しました。いまは3人以上産んでもいいということになっているのですが、減少が続くばかりで効果がありません。**出生人口が増えない理由は、不動産の高騰や、嵩《かさ》む教育費、子育て費用の増大が大きいで**

しょう。

■アメリカで不法移民の中国人が急増

少し前までは、中国は2030年代半ばまでにGDPでアメリカを抜いて世界一の経済大国になるといわれていましたが、いまでは「永遠に追い抜くことはないだろう」という見方に変わってきました。

中国とアメリカの違いは何か。アメリカには多くの移民が入っていますが、中国には移民が入っていません。

逆にいま、メキシコ国境を越えてアメリカへの〝亡命〟を目指す中国人が急増しているというのです。アメリカ政府のデータによると、メキシコからアメリカへの不法入国の中国人は、2023年に1年前の10倍に急増しました。

背景には、習近平体制の強権支配への反発もあるようですが、経済的に行き詰まった母国に見切りをつけた人も多いようです。

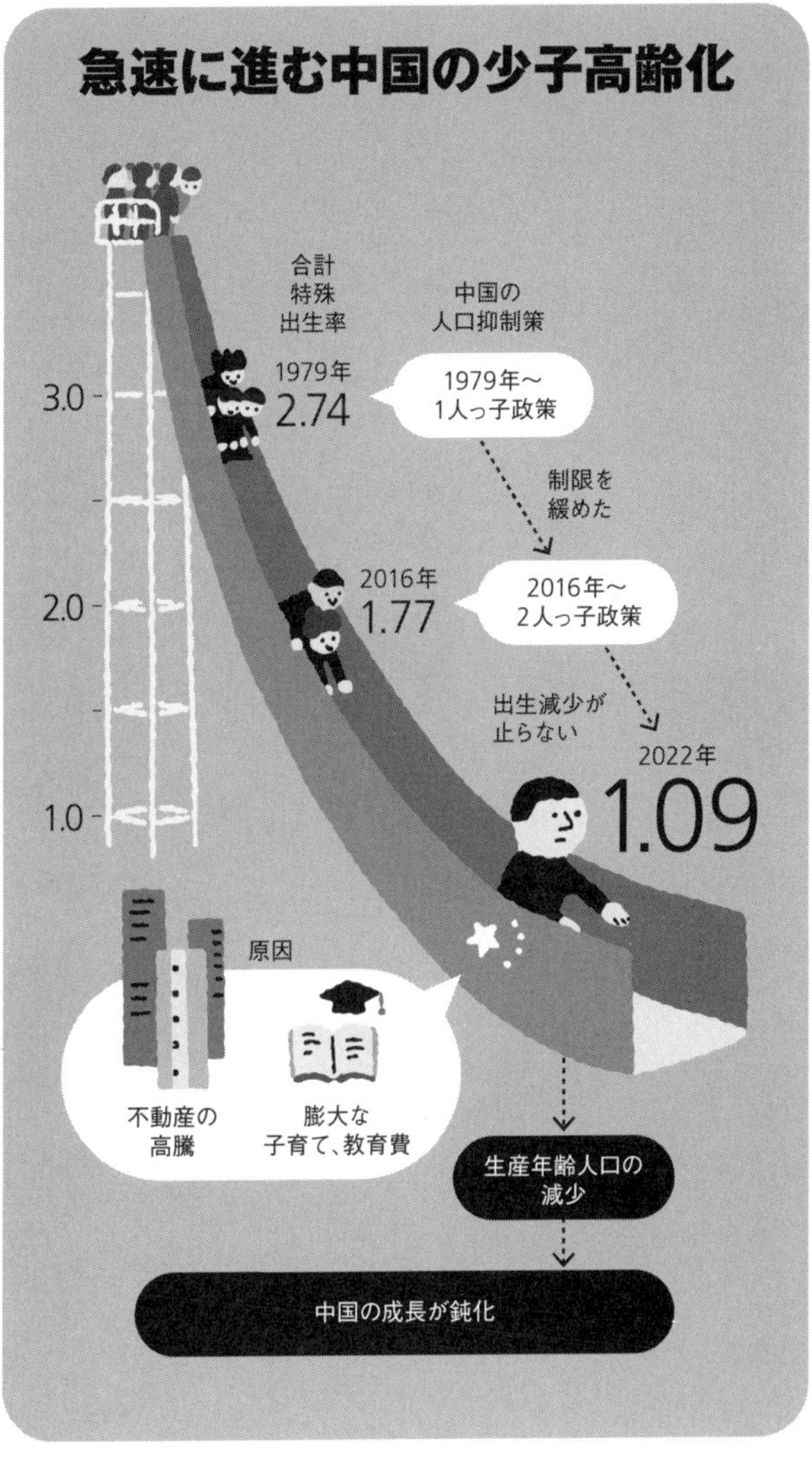
急速に進む中国の少子高齢化
合計
特殊
出生率
中国の
人口抑制策
1979年
2.74
1979年〜
1人っ子政策
3.0
制限を
緩めた
2016年
1.77
2016年〜
2人っ子政策
2.0
出生減少が
止らない
2022年
1.09
1.0
原因
不動産の
高騰
膨大な
子育て、教育費
生産年齢人口の
減少
中国の成長が鈍化

中国は、中華人民共和国の建国100周年にあたる2049年までに「世界一の強国になる」という目標を掲げていますが、**65歳以上の高齢者が2億人を超え、とりわけ生産年齢人口が減り始めています。**でも、日本のような年金制度が整備されているわけではありません。中国はもはや発展段階を越えて、これから深刻な状態を迎える。

結局、中国は習近平のツルの一声でいろいろなことを平等にしようとした結果、逆にさまざまな弊害が出てきているということです。

長い歴史の中で、いまの中国という国がどんな位置にいるかを見ていく視点があれば、やみくもに「中国脅威論」を言う必要はないはずです。

■中国の歴史から読み解く「台湾有事はあるのか」

中国がなぜ台湾《たいわん》を欲しがるのか、これも長い歴史の中で見ないとわからないですね。

このシリーズで何度か解説してきたように、習近平国家主席の野望は、かつての漢《かん》民族による**「『明《みん》』の時代の栄光よ再び」**です。

ロシアにしても、トルコにしても、過去に自分たちが領土としていた地域を取り返したいと思っている。だから土地争いの戦争はなくなりません。

明の全盛期（永楽帝《えいらくてい》の時代）、漢民族はモンゴル高原、ベトナムまで領土を拡大し、さらに鄭和《ていわ》の大航海により南シナ海からインド洋、中東までの航路を開拓しました。世界史で習うコロンブスやバスコ・ダ・ガマが出てくるより、さらに90年も前のことです。

私たちは「大航海時代」というと、ついコロンブスにばかり目をやりますが、明の時代の鄭和は永楽帝の命を受け、大船団を率いて中東及びアフリカ東岸まで航路を切り拓《ひら》いたのです。このとき、現在のソマリアのあたりでキリンを手に入れ、明の国まで持ち帰ったという記録があります。

鄭和はイスラム教徒でした。本人には果たせなかったメッカ巡礼を、部下に果たさせたという記録も残っています。

習近平の掲げる「一帯一路」は、そんな鄭和が切り拓いた南シナ海からインド洋、そして中東までにとどまらず、さらにヨーロッパまで行く航路と、陸地のシルクロードを現代に再現させようというものです。

明の時代は、自分たちの漢民族がいまの中国を支配していたけれど、それが「清《しん》」の時代（民族は満洲《まんしゅう》に住む女真族《じょしんぞく》）になると、アヘン戦争によって香港《ホンコン》をイギリスにとられてしまう、マカオはポルトガルにとられてしまう。そして日清戦争で日本に負けてしまい、台湾を日本にとられてしまう。習近平にしてみれば、あの偉大な「明」が「清」になって屈辱を味わった。欧米列強だけではない。日本によっても領土を奪われたという思いがあります。

それが中華民国になり、その後、中華人民共和国になり、結局、漢民族の支配に戻りました。漢民族が香港を取り戻し、マカオも取り戻した。残りは台湾だ。こういう文脈で見ると、なぜ習近平国家主席が台湾にこだわっているのかが見えてきます。

さらに言えば、**中国は「中華思想」といって、中国がこの世界の中心になるべきだという考え方をしています。**そうなると私たちはつい「台湾有事はあるのか」と心配になりますね。もちろん心配してもいいのですが、ちょっと中国の歴史を学べば、台湾有事はすぐにはないだろうと予想することができます。

■「武力行使を放棄しない」の真意

中国には「孫子《そんし》の兵法」という、戦い方のバイブルのようなものがあります。そこには「戦わずして勝つ」ことが良いことだとあります。戦争というのは、人と人とがぶつかり合い、殺し合う。人も資源も多くのものを消耗してしまうのは下の下である。血を流さずに勝つことが最も賢い勝ち方、本当の勝利である。

習近平は「武力行使を放棄しない」という言い方をしていますが、**戦争をしないで台湾を自分のものにするのが一番だと考えている**だろうということ。それなら、なぜ中国は台湾の辺りで軍事演習をしたり、ミサイルを飛ばしたりして圧力をかけているのか。

それは、2024年1月に行われた台湾総統選挙を睨《にら》んでのことだったわけです。毎日のように中国の戦闘機が台湾の領空ギリギリのところまでやってくる。そのたびごとに台湾の空軍がスクランブル（緊急）発進し、飛び立たなければなりません。

これでは台湾軍は、疲弊します。そういう圧力をかけていけば、総統選挙では、自らが投票で政権を変えるだろう。

つまり「いまの台湾は民主進歩党（民進党）だから、中国とこんなに関係が悪い。中国との関係を改善しようという中国国民党（国民党）の総統を選べばいいじゃないか」となるように、台湾の世論を動かそうとしていたわけです。国民党政権になれば、武力行使なしで台湾を包摂《ほうせつ》する可能性が高まります。

「武力行使を放棄しない」と脅すことによって、平和裏に台湾を取り戻すことが最も賢くよい戦い方である。中国がどんな歴史を持っているかを知っていると、ある程度、中国の出方を読み解くことができるはずです。

■台湾総統選挙は中国の思惑どおり？

2024年1月13日、その台湾総統選挙の投開票が行われました。**勝利したのは中国共産党に対して距離を置く民進党の頼清徳《らいせいとく》**副総統でした。

ただ民進党が勝ったといっても、選挙の中身を見ると、**民進党を支持した台湾人は前**

回の選挙のときよりぐっと減ったことがわかります。

２０２０年の総統選挙は、民進党・蔡英文《さいえいぶん》が再選されました。このときの蔡英文の得票率は57・１３％でした。背景には、香港をねじ伏せようとする中国に対する反発がありました。「今日の香港は、明日の台湾」（２０１４年に香港で起きた民主化要求デモ「雨傘運動」が、中国共産党によって鎮圧された。香港で起きたことは台湾でも起きるというスローガン。このときの中心メンバーの１人、周庭《しゅうてい》［アグネス・チョウ］氏は逮捕された。現在はカナダに事実上の亡命）という危機感が、民進党に大勝利をもたらしたといえます。

ちなみに周庭氏には２０２４年３月にカナダのトロントでテレビ番組の単独インタビューをしました。カナダ留学に当たっては、香港の警察当局に「カナダに逃げた香港の民主活動家の情報を探れ」という圧力をかけられていたことを初めて話してくれました。現在は留学ビザでカナダに滞在しているので、亡命の手続きはしていないそうで、２０２５年にビザが切れたところで考えると話していました。「カナダの警察が身辺を守ってくれていますか」との問いには「ノーコメント」との返事。まあ、答えてくれたようなものですが。

ところが今回、民進党の頼清徳氏の得票率は40・05％でした。前回より17％も落ちているのです。とくに今回は、野党が「国民党」と「台湾民衆党（民衆党）」の2つに割れたので、民進党が勝てたところが大きいでしょう。

ちなみに敗れた最大野党の国民党の候補者、侯友宜《こうゆうぎ》は、中国共産党との「対話路線」を掲げ、第3党として若者からの支持が高かった民衆党の候補者、柯文哲《かぶんてつ》は「中国との関係もアメリカとの関係も、是々非々で」という姿勢です。

これまで、**台湾といえば二大政党、国民党か民進党の2択でしたが、今回は第3党の民衆党が躍進しました。**

民衆党は、2019年に柯文哲前台北《タイペイ》市長によって結成されました。「国民党でも民進党でもない」と言いながら、いったんは民進党に勝つため、国民党と連立を組んで候補者の一本化をしようとしていたのです。しかし結局は実現せず、選挙戦は三つ巴《どもえ》の戦いとなりました。

台湾は半導体で景気が良いといわれていますが、関連企業で働く人は良くても取り残されている人が大勢いて、格差が広がっています。生活のことを考えると、中国と仲良くしたほうがいいと思う人も多いのです。

中国に飲み込まれるのはイヤだと思う人は民進党を支持し、それよりはまず自分の生活が大事という人は国民党。どちらもイヤだという人に、新たな選択肢が生まれたといえます。

敗れた野党2党の得票率を足すと59・95％。つまり、**台湾の約6割は中国共産党とも仲良くやっていったほうがいいという路線を支持したことになります。**

これは、中国の思惑通りといえるのではないでしょうか。

■将来、蔣介石のひ孫が総統に？

しかも、同日に行われた日本の国会にあたる立法委員選挙では、定数113議席のうち、国民党が52議席を獲得して第1党となり、民進党は51議席で過半数を確保できませんでした。民進党は8年間の長期政権で、「政治とカネ」の問題が噴出していました。

前回は民進党が61議席を確保していたのに、10議席も減らしました。ちなみに議長は、国民党の親中派・韓国瑜《かんこくゆ》です。今回、民衆党は8議席をとって、キャスティングボートを握っています。

台湾海峡の緊張が高まる中、台湾は今後どのようになっていくのか。

台湾でいま注目されているのが、現・台北市長の蔣万安《しょうばんあん》です。将来は総統選挙に必ず出馬するだろうとみられています。

蔣市長は、蔣介石《しょうかいせき》のひ孫にあたります。蔣介石といえば孫文《そんぶん》亡き後を引き継いで中国国民党を率い、1948年に中華民国の初代総統に就任した人物です。しかし1949年に毛沢東《もうたくとう》率いる中国共産党との国共内戦に敗れると（同年、北京《ペキン》で共産党の毛沢東を主席とする中華人民共和国が成立）台湾に逃れ、国民党を率いました。

蔣万安は現在、ひいおじいちゃんと同じ国民党のホープと見なされており、「イケメン」と人気です。

蔣万安は、2023年8月29日に中国の上海《シャンハイ》を訪問しました。出発する前、報道陣に対し、「誠意のある対話によって海峡両岸の関係を安定させる」と述べました。

中国共産党に対して距離を置くか、「対話路線」をとるかで揺れる台湾。

しかし、政権交代できるだけの野党があると、「政治とカネ」の問題などでいまの政権に対する不満が出てきたとき、ちゃんと選挙結果に反映されるのですね。どこかの国と違って、ずっと民主的だと思いませんか。

第5章　地球沸騰化の時代に生きる

■観測史上、最も暑い年

2023年の夏は本当に暑かったですね。気象予測のための研究を行うEU（欧州連合）の機関・コペルニクス気候変動サービス（C3S）は、**2023年の世界平均気温が1850年の統計開始以来、史上最高を記録したと発表しました。**

カナダで発生した山火事をはじめ、暴風雨、干ばつなど、世界各地で異常気象が頻発。日本では、熊本県で河川が氾濫《はんらん》し、9人が死亡しました。

2023年7月、国連（国際連合）のアントニオ・グテーレス事務総長の発言は衝撃でした。**「地球温暖化の時代は終わった、地球沸騰化の時代が訪れた」**。

ユーラシア・グループは2024年世界10大リスクに、意外にも**「エルニーニョ現象」**を入れています。

エルニーニョ現象は、**既存の気候問題を悪化させる可能性があり、深刻な自然災害を巻き起こす可能性があるというわけです。**

■異常気象の一因である「エルニーニョ現象」

エルニーニョとは、プロローグでも解説したとおり、南米のペルー沖で海面の水温が高くなる状態です。気象庁は、基準値より6カ月以上続けて＋0・5℃以上となった場合を「エルニーニョ現象」と定義しています。

たった0・5℃ぐらいと思うかもしれませんが、もともと東の風が弱まってしまうとペルー沖に温かい海流が滞留します。そこから蒸発した水蒸気が上空で雲になりペルーに雨を降らせます。ペルーにとっては恵みの雨で、暖流、寒流の両方から魚が集まり、豊漁となります。

エルニーニョは、**もともとはペルー辺りの恵みの気候だったわけですが、いまはどんどん異常気象になって、世界中に影響を与えています。**

雨を降らせた後、乾いた空気が北米、南米を覆い、その結果、大変な干ばつになるのです。水不足、山火事、海面上昇、洪水、感染症なども引き起こします。要するに**温暖**

化によるさまざまな異常気象の猛威を、エルニーニョ現象が一段と加速させてしまうのです。結果として、自然界はもちろん食料危機など、人間社会にもさまざまな問題が起こります。

地球温暖化対策は、ひと言で言うと「待ったなし」の状態です。

■この10年の選択が未来を決める?

パリ協定（2015年の国連気候変動枠組条約締約国会議「COP21」で採択した、気候変動問題に関する国際的な枠組み）では、世界各国は「**世界の平均気温上昇を産業革命前と比べて2℃より十分低く保ち、1・5℃以内に抑える努力をする**」ことで合意しています。

しかし、IPCC（気候変動に関する政府間パネル）の報告書では、**このままいくとあと20年以内に1・5℃に達する見込みとしています。**この10年の選択が未来に大きな影響を与えるといえるでしょう。厳しい現実です。

世界が課題意識を共有し、私たち一人ひとりが温暖化を自分の問題ととらえて行動しなければ問題は解決しません。

しかし、なかなか足並みが揃わないのです。とくにアメリカで、「地球温暖化はうそ」と主張しているドナルド・トランプが大統領に返り咲くようなことがあれば、温暖化対策は後退するでしょう。前回、パリ協定から離脱したトランプ政権下では、気候変動に関する研究や政策導入に対する政府予算が大幅に削られました。

■「地球温暖化はうそ」の驚くべき根拠

では、なぜトランプ前大統領は「地球温暖化はうそ」と言い張り、石炭や石油をどんどん燃やせばいいとしきりに発言するのでしょうか。

トランプを支持しているキリスト教福音派が、地球は温暖化などしないと信じているからです。旧約聖書の『創世記』の中にノアの方舟《はこぶね》の話があります。大洪水で有名な話です。ご存じの方も多いでしょうから、ここでは簡単に紹介します。

ノアは神を深く信じていました。それ以外の地上の人々は堕落しきっていた。怒った神は地上の人間を洪水で滅ぼそうと考えましたが、敬虔なノアの一族だけは救おうと考え、ノアに「方舟をつくりなさい」と命じました。ノアの一族だけは助けてやるから、屋根のある方舟をつくり、その中にあらゆる動物を1つがいずつ一緒に入れよと言うのです。ノアは言う通りにします。

その後、神は40日間大雨を降らせ、地上に大洪水を巻き起こし、人間たちを絶滅させました。その後、神はノアの一族に「もう二度と洪水は起こさないから」と約束した、という内容です。

だからいま科学者たちが「地球温暖化が進んだら、大洪水が起きて大変な天変地異が起きる」と言っても、聖書の一字一句をそのまま信じる福音派には通用しません。「もう二度と洪水は起こさないと神様は約束してくださったのだから」と。

なぜ福音派の人たちが「地球温暖化はうそだ」と言うのかといえば、聖書が根拠になっているということなのです。自然界は神が支配しているからなのですね。

■トランプが「独裁者」になって実行する2つのこと

大統領選挙に向けた予備選挙で、共和党ではトランプ前大統領が指名獲得に必要な、全代議員の過半数を確保し、共和党からの指名を確定させました。

トランプは、あるイベントでジャーナリストから「2024年の大統領選挙で勝利した場合、独裁者にならないと約束してもらえますか」と質問され、「ウン、初日を除いてはね」と答えています。

つまり、**大統領になった初日は独裁者になると宣言しているのです。**

トランプは、少なくとも2つのことを必ずやると言っています。

1つは、大統領権限を行使して、メキシコとの国境にあらためて壁をつくる。もう1つは、石油掘削《くっさく》を拡大する。

前回のアメリカ大統領選挙でジョー・バイデンが大統領になると、アメリカは正式にパリ協定に復帰しました。当時のジョン・ケリー気候変動問題担当大統領特使は、「われわれは、地球の温度上昇を1・5℃までに抑制するために、今後10年間に必要となる行動を決定し、2050年までのカーボンネットゼロ達成のために何ができるのか、より良いビジョンを作成していく」と述べました。バイデンが大統領になってから、温暖化対策に関するさまざまな取り組みをしていたのですが、トランプはそれをすべてひっくり返すでしょう。

もしトランプが2024年11月の大統領選挙に勝てば、2025年1月20日に就任式典があります。**〝初日だけ独裁者になる〟トランプは、温暖化対策を一切しないと宣言するかもしれません。そこからは地球温暖化が一層、進んでいくということです。**

■トランプ再選を密かに待つ国

それだけではありません。**トランプは、自分が大統領になったら北朝鮮が核を持つことを認めると発言したと報じられました**（本人は否定したようですが）。ただ、北朝鮮にだけこうした発言をしているわけではないのです。2016年には『ニューヨーク・タ

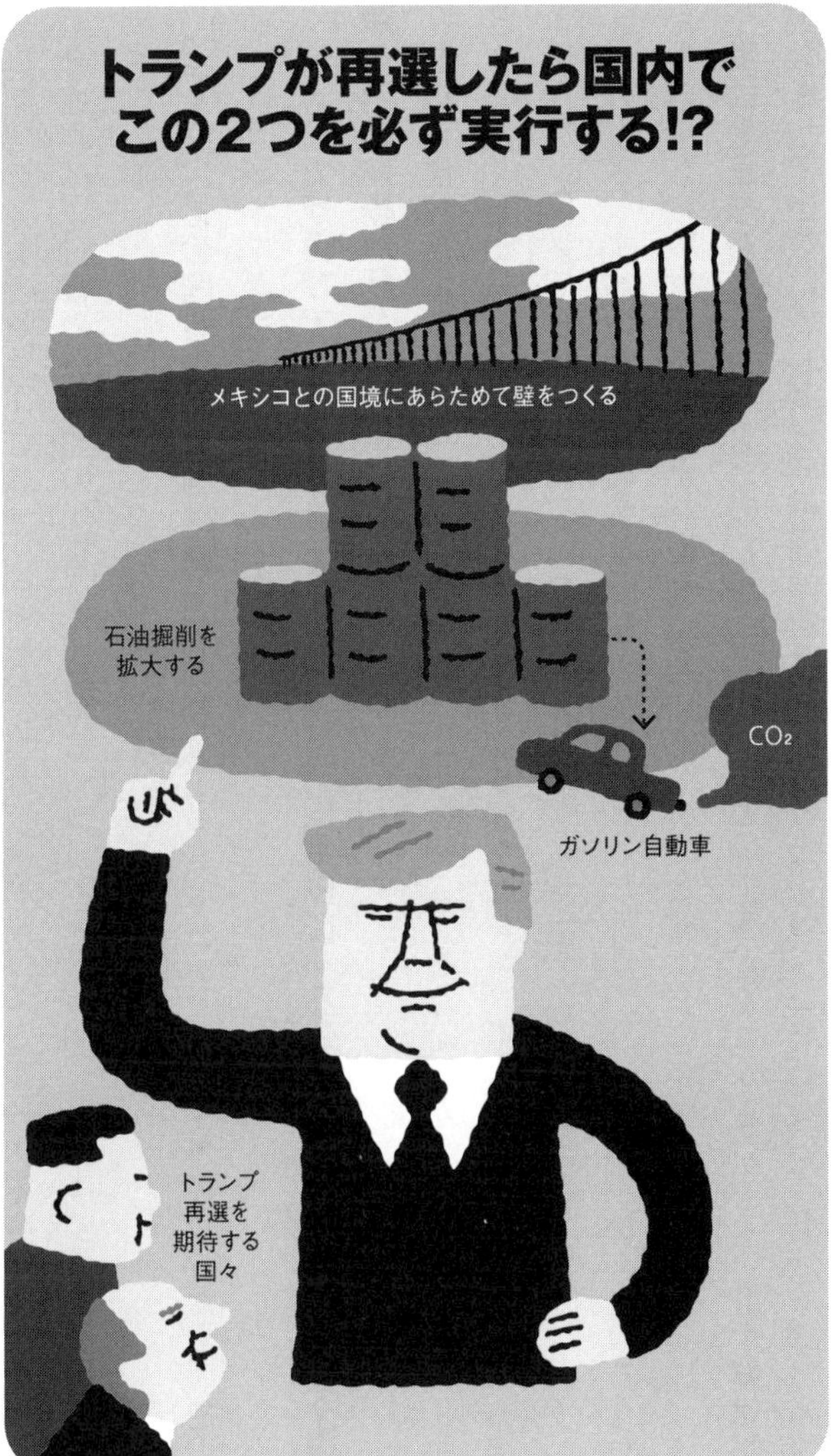
トランプが再選したら国内で
この2つを必ず実行する!?
メキシコとの国境にあらためて壁をつくる
石油掘削を
拡大する
CO_2
ガソリン自動車
トランプ
再選を
期待する
国々

イムズ』のインタビューに答え、「米国は世界の警察官はできない。米国が国力衰退の道を進めば、日韓の核兵器の保有はあり得る」（『日本経済新聞』２０１６年3月27日・朝刊より引用）と、日韓の核保有も認めています。

つまり、**どの国も自分の国は自分で守れ。**トランプは、「アメリカは世界から手を引いたほうがトクだ」と考えているのです。

アメリカが再びアメリカ第一主義に傾けば、同盟国である日本やヨーロッパの安全保障体制の前提が狂ってしまいます。

歴代のアメリカ大統領は、北朝鮮が核兵器を持つことをなんとかやめさせようとしてきました。しかしトランプは大統領のとき、3回も（シンガポール、ベトナム、南北の軍事境界線にある板門店《パンムンジョム》の韓国側の施設にて）北朝鮮の金正恩《キムジョンウン》と会談をしています。

このとき、すっかり金正恩と意気投合してしまったようです。金正恩から心のこもった手紙をもらい大感激、金正恩のことをいいヤツだと評価しています。

実は金正恩も、トランプとの約束を守っているのです。なにかというと、**北朝鮮は核実験をしていない**でしょう。準備はできているのですが、していない。トランプと会談したときに「やめろ」と言われたので、その約束を守っているのです。

つまり「トランプさんとの約束を守っています」ということにしておけば、「俺との約束を守ってくれている。愛《う》い奴じゃ」となる。約束を守ることで、トランプの気持ちを動かそうとしているのですね。

そう考えると、トランプが大統領に返り咲くと何が起きるか、わかるというものです。

■「核抑止論」とどう向き合う？

世界では、**核兵器を持とうとする国が減るどころか増えているのですね。**イランも持ちたい、サウジアラビアも持ちたい……。

２０２３年5月19日、被爆地・広島でＧ７サミット（主要７カ国首脳会議）が開かれました。Ｇ７首脳がそろって平和記念公園の原爆死没者慰霊碑（公式名は広島平和都市記念碑）に献花をしたことに対して、広島の人たちはとても喜んでいました。

２０１６年に、バラク・オバマ大統領（当時）も広島で献花をしましたが、今回は献花をした日本以外の6カ国のうち、3カ国が核保有国です。その国のリーダーたちが慰霊碑に花を捧《ささ》げた。これが抑止力に繋《つな》がるのではないか、という思いがあったのですが、その後、**サミットの共同文書の中で、核抑止力を肯定したような発信がなされたことに被爆者の人たちは落胆しました。**

核抑止力とは、核兵器を持つことが抑止力に繋がる、**「核兵器は核兵器によって攻撃を抑え込むことができる」という考え方です。**

そもそも広島の人たちにしてみれば、核兵器は二度と使われてはならないものであり、「核兵器が使われるとこんなにひどいことになるんだよ」ということを世界に知らせる、それが抑止力になると考えていました。

ところがサミットの共同文書「広島ビジョン」には、核保有を正当化するようなことが書かれてしまった。「核兵器の抑止力を認めた、われわれの訴えとは正反対だ」と、被爆者団体は失望感をあらわにしました。

難しいですね。とくにロシアがウクライナに軍事侵攻し、核兵器の使用をちらつかせるような状態になると、「自国を守るには、手っ取り早く核を持ったほうがいいのではないか」、あるいは、「核兵器を手放すと危険」と考えるのは仕方がないのかもしれません。

■「長崎を最後の被爆地に」

しかし、ここまで核兵器は使われてきませんでした。それは広島、長崎の深刻な状況を世界の人たちに知らしめることができたからだと思います。

私は毎年、8月6日には広島で、8月9日には長崎の平和公園でテレビ中継をしています。長崎の人たちの**スローガンは「長崎を最後の被爆地に」**というものです。**これ以上、原爆が使われないようにという願いなのです。**

ロシアのウラジーミル・プーチン大統領が、「核兵器を使うぞ」とちらつかせているのも、そもそも核兵器を使えば、どれだけひどいことになるかがわかっているからでしょう。

世界には、「核兵器を持ったほうがいい」と考える人がいるのも、残念ながら現実です。でも今回、核保有国も含めてG7首脳がそろって慰霊碑に献花をした。その映像、写真が世界に広まったことは、長い目で見れば抑止力に繋がっていくと信じたい。

核なき世界は理想論です。すぐに実現するわけではありません。しかし、**たとえ遠くてもそこへ向かっていこうと主張することは、唯一の戦争被爆国である日本の役割ではないかと思うのです。**

■「子どもの貧困」をどうなくす

世界共通の目標といえば、「SDGs《エスディイージーズ》（Sustainable Development Goals）」もそうですね。**2015年の国連サミットで採択された「持続可能な開発目標」**のことです。2030年までの達成をめざす国際社会の共通目標として、環境や社会など17の目標（ゴール）を掲げています。国際社会が進むべき方向の、道しるべです。

丸《まる》の内界隈《うちかいわい》を歩くと、17色の丸いバッジをつけた方を大勢見かけますが、どれだけの人があのバッジの意味を理解して歩いているのか。なんとなくバッジをつけると、これが免罪符のようになってしまっているのではないか。

ちなみに、ＳＤＧｓの目標その１は「貧困をなくそう」です。

日本は豊かな国だと思っていましたが、日本にもいわゆる相対的貧困というかたちで、実際にはかなり貧しい人たちがいるのですね。とりわけ「子どもの貧困」は極めて深刻です。たとえば夏休みに入ると、学校給食がなくなります。すると途端に食事に困ってしまう子どもがいる。だからいま、**「子ども食堂」が猛烈な勢いで増えています。これがある種、貧困の〝見える化〟ということになるのでしょう。**

子ども食堂は、子どもたちは無料で食べられるのですが、子どもが貧困だと親も満足に食事ができていないケースが多いのです。「親御さんも無料でいいですよ」としてしまうと、大人に対してプライドを傷つけてしまうことになります。まるで施しを受けているような……。そこで１食１００円を徴収するなどの試みもあります。

困っている人に手を差し伸べることは大切ですが、その人のプライドを傷つけないようにするにはどうしたらいいのか。**さまざまな人に対するリスペクトが、とても大事なことだろうと思います。「してやっている」という上から目線になってしまっては、解決になりません。**

■食料は「自国ファースト」が当たり前

SDGsの目標その2は、**「飢餓をゼロに」**です。もちろん飢えて死ぬような人がいてはいけませんが、**日本でいえば食料自給率が低すぎるのは問題です。私たちの食料安全保障をどうすればいいのか。**

ロシアによるウクライナ侵攻によって、ロシア、ウクライナからの小麦の輸出が止まってしまいました。北アフリカや中東地域は自国で小麦をつくることができません。ウクライナからの輸入小麦が頼りでしたから困っています。突然、食料が品薄になったり、価格が高騰したりすると、新たな紛争が起きかねません。**グローバル経済が止まってしまうと、飢餓や戦争が発生するということです。**

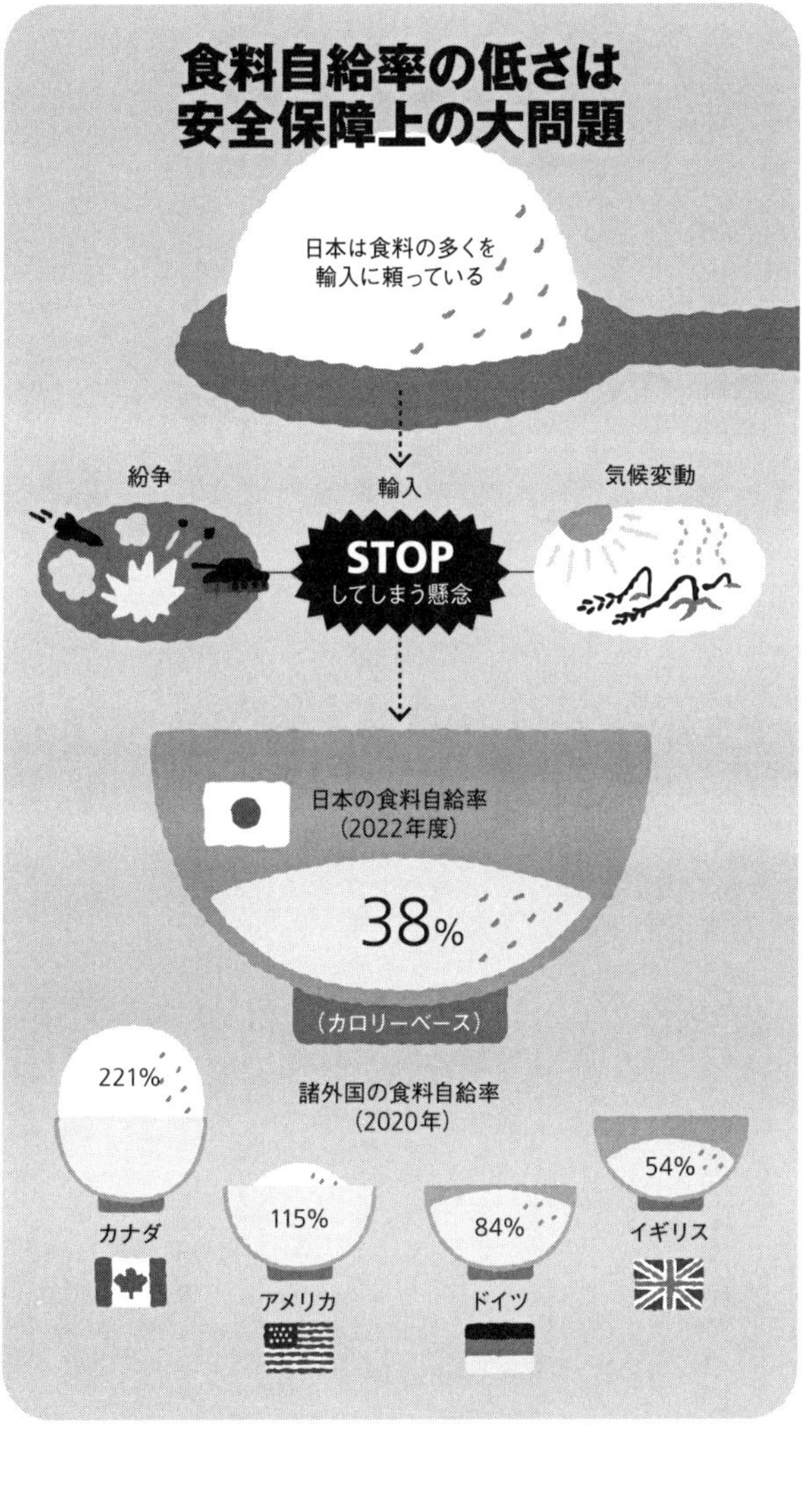
食料自給率の低さは
安全保障上の大問題
日本は食料の多くを
輸入に頼っている
紛争
輸入
気候変動
STOP
してしまう懸念
日本の食料自給率
（2022年度）
38%
（カロリーベース）
諸外国の食料自給率
（2020年）
221%
カナダ
115%
アメリカ
84%
ドイツ
54%
イギリス

日本は大丈夫でしょうか。「食料自給率は低くても、グローバル化の中で貿易を進めていけば問題ない」という議論が、いまから思えばかなり安易にされていたのではないか。

インドは世界有数の小麦の生産国です。インドがあれだけつくっているのだから、世界で小麦は不足しないと思っていたら、突然、インドが自国からの小麦の輸出を禁止しました。

結局、**食料は自国ファーストです。**当たり前ですが、自分の国の国民を食べさせるのが一番、となった途端、日本は大丈夫かと慌てることになる。

日本の場合、小麦はアメリカ、カナダ、オーストラリアから輸入しています。いずれも民主主義、資本主義の国なのでいい関係を保っていれば大丈夫だろうと思っていても、世界全体で小麦の流通量が減ると、価格は上がります。現に2021年、アメリカやカナダで天候不順、干ばつが続いた結果、小麦の生育に影響が出ました。

気候変動の問題が、食料安全保障の問題につながる。食料の自給がいかに大事かということを痛感します。

■SDGs「17の目標」を串刺しにする視点

イギリスでも食料不足が発生しています。イギリスはEUから離脱しました。移民や難民が入って来て「高福祉」にただ乗りされたり、ヨーロッパからの出稼ぎ労働者に自分たちの仕事が奪われてしまったりするのはイヤだからEUから離れよう。

その結果、イギリスでは野菜が入ってこないという事態が起きているのです。イギリスは土地が豊かではないので、野菜はフランスなどから輸入していました。EUに入っていたときは問題なかったのですが、離脱した途端フランスは輸出の手続きが必要になります。フランスの農家にしてみたら、そんな面倒な手続きをするくらいなら国内で売ってしまったほうがいいとなり、イギリスが野菜不足に陥ったのです。

それぞれの国とよい関係を維持することが、結局は持続可能な開発ということにつながってきます。しかしその一方で、もしものときに備えて、それぞれの国が食料を確保しておかなければならない。**両にらみの取り組みがこれから求められてくるのだと思い**

ます。

貧困をなくそうとか、飢餓をゼロにしようとか、一つひとつの目標を個別に見ていくと、どれもごもっともなことばかり。でも17項目を横串《よこぐし》に刺すようにしていくと、地球全体をどうすればよいのかが見えてきます。

結局は、**私たちの生き方そのものが問われているのです。**

■生成ＡＩとどうつき合うか

さらに、新たに人間が戦わなければならないもの、それが**「生成ＡＩ（ＡＩ＝人工知能）」**です。

生成ＡＩという言葉は、２０２３年を代表する流行語の１つになりました。

そもそも生成ＡＩとは、文章や画像、音声など、与えられたデータやパターンから、新たなデータや情報をつくり出す能力を持つ人工知能システムの一種です。

これは一般名詞なのですね。よく使われるのは「Ｃｈａｔ《チャット》ＧＰＴ」ですが、これは商品名です。オープンＡＩというアメリカの会社がつくり出した生成ＡＩのことです。

生成ＡＩに質問すると、見事な日本語の答えが返ってきます。でも、あくまで生成ＡＩは統計学的処理を行っているにすぎないのです。ネット上にあふれる情報の中から確率の高い言葉を選択している、そのため誤りがあることもあります。

私についての誤りもありました。「池上彰《いけがみあきら》は東京出身」。いえいえ、長野県ですよ。「日本経済新聞社に入社し」。いえいえ、入社したのはＮＨＫ。日本経済新聞に連載を持っていますが。というように間違いだらけだったりもするのです。

あるいは「地球温暖化を防ぐためにはどうしたらいいか」と聞くと、「人間がいなくなればいいんです」というブラックジョークのような答えが返ってきたとか。確かに、人間の活動で排出された温室効果ガスによって地球は温暖化しています。それなら、温暖化を防ぐには人間がいなくなるのが一番、といったようなことをＡＩが勝手に考え出すようになっているのです。

あるいは、「富士《ふじ》山の絵を、ゴッホ風に描いて」と言うと、見事に描きます。

いま、デザイナーやイラストレーターが、自分のオリジナルの作品をネットに公開しています。生成ＡＩがそれを勝手に使って、いろいろな絵を描いています。**これは著作権法上、大きな問題になります。**

ＡＩをどうコントロールしていけばいいのか。２０２３年に広島で行われたＧ７でも、規制や活用に向けた世界初の共通のルールをつくることで合意しました。

■知ったかぶりをして堂々と間違える

学校教育において、生成ＡＩを使っていいのかという議論があります。夏休みの読書感想文など、「夏目漱石《なつめそうせき》の『坊っちゃん』の感想文を、８００字以内で、小学生風に難しい漢字を使わないで書いてください」とリクエストすれば、見事に書いてしまうわけです。

ある小学校では、読書感想文は9月に入って学校で書くことになったそうです。

大学でも、対応に困っています。生物学者で、青山学院大学教授の福岡伸一《ふくおかしんいち》先生が、出題しようと思った試験問題の答えを生成ＡＩに聞いてみたそうです。見事な答えが返ってきたそうですが、よくよく見ると、いくつか細かい間違いがあった。**生成ＡＩは、なにを質問しても絶対に「知りません」と言いません。**いろいろな情報をかき集めて、さも最初から知っていたかのようにもっともらしい答えを出す。そういう人っていますよね。堂々と、自信たっぷりに知ったかぶりをして間違える。

福岡先生は生成ＡＩの間違いをいくつか見つけ、学生の試験に「○○について、生成ＡＩに問いかけたところ、こういう答えが返ってきた。この答えの間違いを指摘せよ」という問題を出したとか。なるほど〜、この手があったかと思いましたね。

■バランスのとれた「常識力」を養おう

生成ＡＩはディープフェイク（人工知能に基づく画像・映像合成技術）動画も制作します。ウクライナのウォロディミル・ゼレンスキー大統領が、国民に降伏を呼びかける偽動画に、騙《だま》されかかった人もいるかもしれません。

いま、**世界中で「フェイク（＝うその）情報」があふれています。**有名人になりすました投資詐欺に釣られ、被害を受ける人も後を絶ちません。

生成AIによって精巧につくられた偽動画や情報をどう見抜いたらいいのか。難しいですが、結局**バランスのとれた常識力を養うことだと思います。**

2016年のアメリカ大統領選挙のときには、「ローマ教皇がトランプ支持を公式に表明した」などのフェイクニュースが流れました。

しかし、ローマ教皇がよその国の政治に介入するわけがないのです。キリスト教徒としての発言はしても、よその国の政治に介入するような発言はしないという常識を持っていたら、これはすぐにデマだと気付くことができます。

あるいは**大事なのは、「健全な懐疑心」ですね。**「猜疑心《さいぎしん》」を持つと友達を失うかもしれませんが、「ちょっと待てよ」と疑ってみる健全な懐疑心は大事。

以前、テレビ番組であるタレントさんが、「生成AIに質問をしたら、ありきたりな答えしか返ってこなかった」と言うので、私は、「それはあなたの質問が悪かったのですよ。いい質問をすれば、いい答えが返ってくるんです」という話をしました。

生成AIは同じ内容の質問でも、質問の仕方によって、まったく返ってくる答えが違います。よって、**いかに質問力を高めるかも大事。まさに「いい質問」をすることによって、いい答えを導き出すことができるのです。**

つまり、生成ＡＩをいかに人間が使いこなすかが問われるということ。決して「ＡＩにかなうわけがない」と、卑屈になる必要はありません。これを、**「人間にしかできない役割はなにか」を見つめ直す機会にしてほしいと思います。**

第6章　繰り返される「政治とカネ」の問題

■裏金疑惑で「名門派閥」の解散決定

日本では**自由民主党（自民党）の派閥の政治資金パーティをめぐる事件が、政界を大きく揺るがしました。**国民の怒りも、極限に達した感があります。岸田文雄《きしだふみお》首相は、自ら会長を務めていた派閥の解散を表明しました。岸田派は、1957年に池田勇人《いけだはやと》を中心に結成された名門派閥です。ただ、**問題なのは派閥の存廃ではなく、政治資金がガラス張りになっていないことなのです。論点がすり替えられています。**

私に言わせれば、それでも政治とカネについては以前よりはクリーンになったのです。私がNHK（日本放送協会）社会部で記者として取材をしていた頃、自民党の派閥のトップは盆暮れに自分の派閥の議員にポンポンお金を配っていました。たとえば12月には「餅代《もち》だ」と言って、100万円あるいは200万円の札束を渡す。当時の金額ですから、いまの貨幣価値なら一層多額です。マスコミがいる前で、平気でやっていたのです。そんな時代でした。

金権政治の始まりは、1970年代の田中角栄《たなかかくえい》あたりからでしょう。新潟に「越山《えつざん》会《かい》」という田中角栄の後援会がありました。後援会の人たちが「田中先生に献金をしよう」といってお金を集めるわけです。多額の現金を持って、目白《めじろ》の田中邸に行き（「目白詣《もう》で」と呼ばれた）、「先生、これ越山会のみなさんからです」と渡すと、「おお、ご苦労だった」と、そのうちのかなりの部分をガバッと摑《つか》んで持ってきた人に渡す。となると、とにかく金を集めて献金することが自分の利益につながります。まだ田中角栄が首相になる前の話です。

あるいは、昔は料亭政治でしたから、料亭へ行く政治家を記者たちが追っかけるわけです。料亭には必ず靴を預かる下足番《げそくばん》がいて、田中角栄はその下足番に毎回1万円を渡していたそうです。そうすると、その後記者たちから「田中さんは、今日は誰と会っていましたか？」と聞かれても、下足番は絶対に漏らさない。

派閥のボスは、金を集めて配るのが仕事でした。これこそが求心力。田中角栄は「数は力、力は金だ」と堂々と言っていましたから。

そんな時代の中で、ロッキード事件（1976年）や、リクルート事件（1988年）、東京佐川急便事件（1992年）といった政治家と企業が絡む汚職事件が次々起きて国民の強い怒りを買います。「55年体制（1955年から続いた、自民党が与党となる1党支配体制）」は崩壊し、1993年には、ついに自民党が下野《げや》することになるのです。

■「平成の政治改革」から30年

そもそも派閥ができたのは、中選挙区制だったからです。**中選挙区制とは、1つの選挙区で複数の当選者が出る仕組みです。**これだと、自民党は国会で過半数の議員を確保するために、1つの選挙区で2人、あるいは3人の候補者を立てることになります。**いわば同じ自民党内でライバル同士になるわけです。**

するとお互い、「顔も見たくない、口もききたくない」状態になり、当選してもそれぞれが別のグループに入ります。こうやって派閥がいくつもできていくのです。自民党は、「派閥の集合体」でした。そしてどの派閥も、自分たちのボスを首相にしたいと思っていました。強い派閥に入れば、自分も大臣になれたり、役職ポストにつきやすくなったりします。

しかし中選挙区制のままだと「政治とカネ」の問題が繰り返されるということで、**1994年の政治改革関連法成立により、1996年の衆議院選挙から現在の選挙制度「小選挙区比例代表並立制」が導入されました。**金権政治の温床といわれた中選挙区制への批判が高まる中、政権交代につながる制度として小選挙区比例代表並立制の導入が決定されたのです。

同時に、政治資金規正法が改正されました。具体的には、政治家個人への企業団体献金を禁止します。この時、導入されたのが、「政党交付金」です。

政治にお金がかかるから悪いことをするんだ、それなら、私たちの税金を財源に（国民1人あたり250円の負担）活動してもらおうという趣旨です。250円というのは当時のコーヒー1杯分。「政治をクリーンにするために、国民は1人あたりコーヒー1杯分を負担しよう」ということだったのです。政党交付金は、所属議員数や直近の衆院選挙などの得票数をもとに、各政党に振り分けられます。2024年の政党交付金総額は約315億円で、これを各政党で山分けします。自民党には約160億円が配分されています。

ちなみに日本共産党は、「支持していない政党にも強制的に国民は寄付をさせられることになる」「国費が入ると、政党がまるで国営政党のようになる」と、受け取っていません。その分は、ほかの政党でまた山分けします。

■庶民には羨ましい「議員特権」の数々……

それでも政治家は、お金が足りないのか？

国会議員の給料（歳費といいます）は月129万4000円×12カ月と、ボーナスが年2回で約635万円、年収で約2000万円以上を受け取ります。大臣や議長となると、さらに増額されます。

また、**給料以外にも国会議員にはＪＲの新幹線グリーン車を含むすべての路線を乗り放題できるパスが支給されています。**国会議員は、北海道や九州の選挙区からも選ばれているわけで、週末、自分の選挙区へ帰って政治活動をするには多大な交通費がかかる

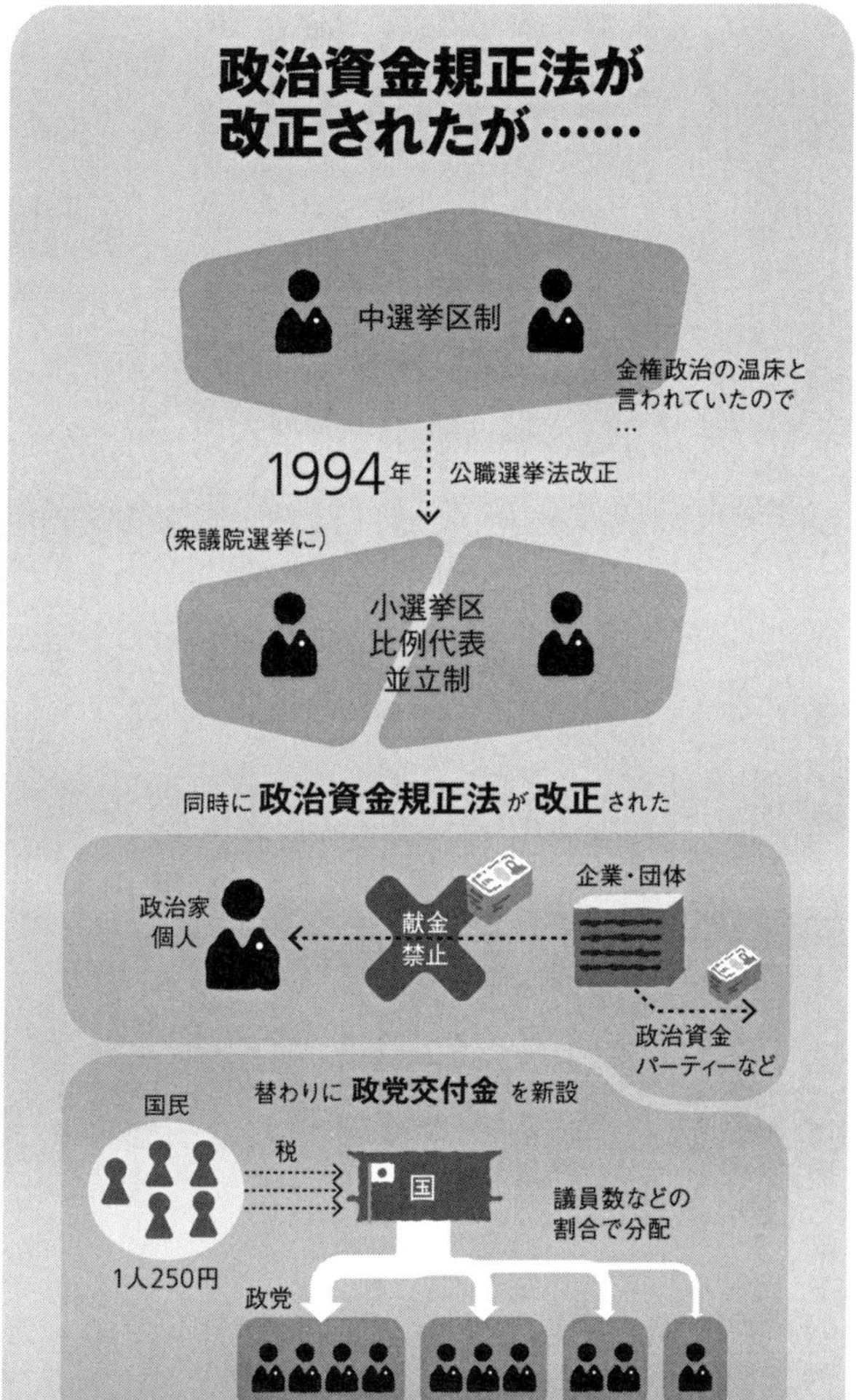
政治資金規正法が
改正されたが……
中選挙区制
金権政治の温床と
言われていたので
…
1994年
公職選挙法改正
（衆議院選挙に）
小選挙区
比例代表
並立制
同時に 政治資金規正法 が 改正 された
企業・団体
政治家
個人
献金
禁止
政治資金
パーティーなど
替わりに 政党交付金 を新設
国民
税
国
議員数などの
割合で分配
1人250円
政党

からです。国会議事堂に近い東京選出の議員との交通費負担が違えば不公平というわけです。

新幹線だけではありません、選挙区が遠い人は、東京・選挙区間4往復分の航空券引換証も選択可能となっています（詳細は、1月につき「航空機利用3往復＋ＪＲパス」か「航空機利用4往復のみ」から選べる）。都心にある議員宿舎には、格安の賃料で住めますね。

その上、**議員には歳費とは別に月１００万円が支給されています。**以前は「文書通信交通滞在費（文通費）」という名称でした。ネットがない時代には、国会議員たちが有権者に「国会だより」などを送ろうとすると、印刷代、郵送の切手代などがかかりました。電話代も、以前は東京から北海道にかける場合、日中は3分間で720円もかかりましたから、月100万円でも足りない状態だったのです。

しかし、いまはなんでもメールで送れますし、電話代も下がりました。**そこで名称を、「調査研究広報滞在費」と改名し、相変わらず月額１００万円をそのまま受け取っている。年間１２００万円です。しかも領収書は不要。これは「国会議員の第２の給与」な**

どと言われています。これらが「議員特権」といわれるものです。

お金がかかるとしたら、地元に事務所を維持するための家賃、秘書を雇うための人件費でしょう。国会議員の仕事は、法律をつくることですから、地元の人からの陳情を聞いたり、勉強のため資料を集めたりしなければなりません。

公設秘書3人までは国費で雇うことができますが、それ以上は議員が私的に雇うため自腹です。私設秘書が2人、3人といれば、人件費はかなりかかります。そこで、政治資金を集める目的で、政治資金パーティを開くわけです。

■献金の代わりの資金源「政治資金パーティ」

政治資金パーティは、ホテルの宴会場などを会場として借りて開き、会費の相場は1枚2万円。地元の後援会や企業・団体などに売ります。それほど豪華な食べ物は出さないので（定番はやきそば。遅れて行くと食べるものがないことも）、差額が政治資金となります。買う側としては、パーティ券を買って恩を売ることで、政治家に「あれ、お願い。

これ、やって」と、頼みやすくなります。

政治活動にお金がかかるのは事実として、個々の議員が政治資金パーティを開くのはわかりますが、**今回問題となったのは、「派閥主催」のパーティでした。**

派閥とは、政治的な意見などで結びついた政策集団です。派閥として活動するため一人ひとりにノルマを課していました。たとえば100枚ノルマの議員が200枚を売った場合、100枚分のパーティ券代がキックバックされていました。これ自体は法律違反でもなんでもないのです。**戻ってきたパーティ券収入は、政治資金として正しく政治資金収支報告書に記載すればよかったのに、書いていないから「裏金」と言われ、なにに使われたかわからないから問題となりました。**

キックバックされたお金を私的な用途に消費していれば、個人の「雑所得」とみなされ、課税対象となりえます。申告がなければ「脱税」です。

民間はインボイスで苦労しているのに、政治家はキックバックで税逃れ。X（旧ツイッター）では「確定申告ボイコット」という言葉が拡散されました。

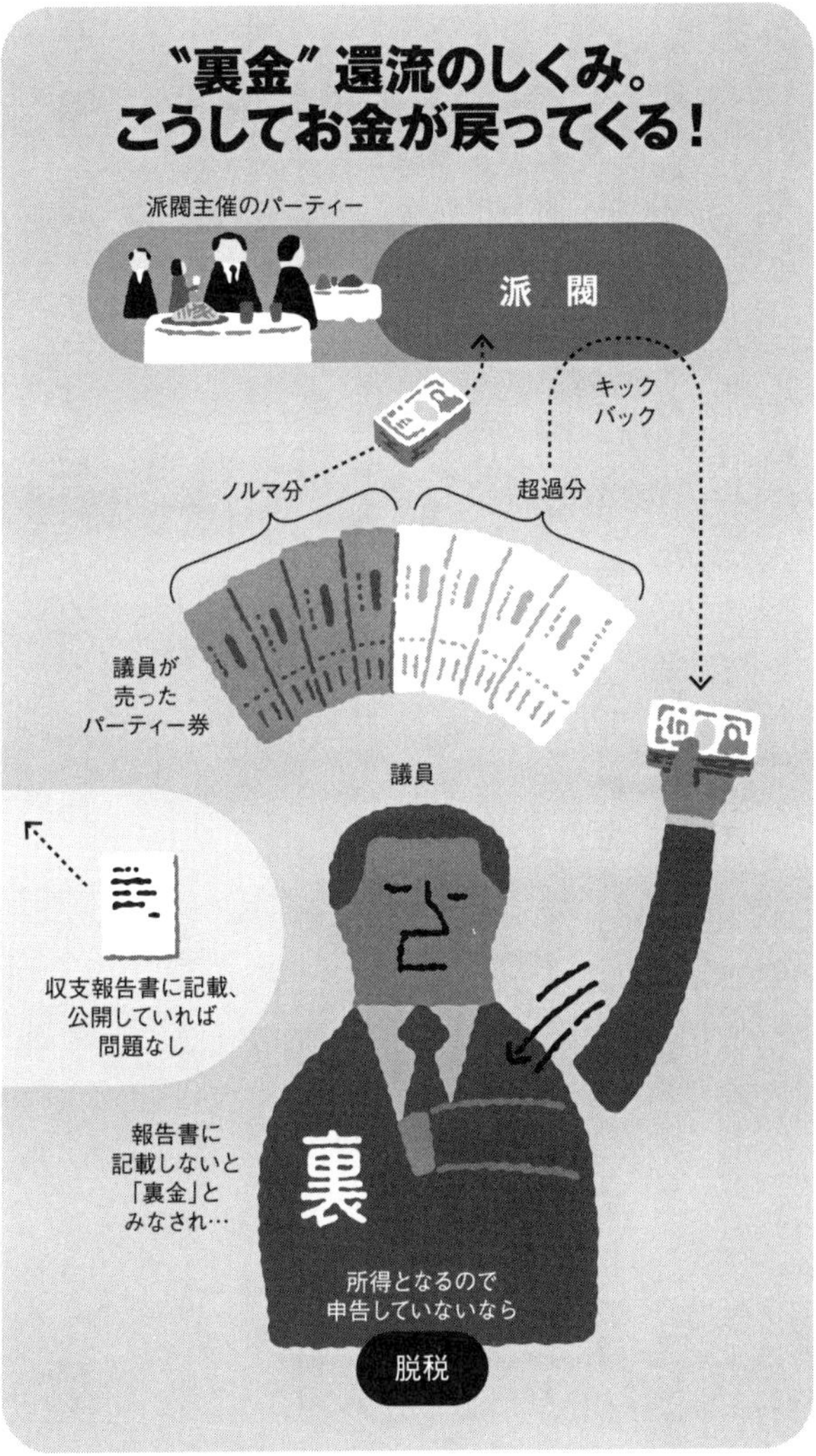
"裏金"還流のしくみ。
こうしてお金が戻ってくる!
派閥主催のパーティー
派　閥
キック
バック
ノルマ分
超過分
議員が
売った
パーティー券
議員
収支報告書に記載、
公開していれば
問題なし
報告書に
記載しないと
「裏金」と
みなされ…
裏
所得となるので
申告していないなら
脱税

■「略式起訴」と「在宅起訴」の違い

政治資金規正法では、不記載は「忘れていました」で通る世界。派閥の会計責任者が在宅起訴でおしまいです。

自民党の派閥の政治資金パーティをめぐる事件で、東京地検特捜部（東京地方検察庁特別捜査部）は政治資金規正法違反の虚偽記載の罪で、安倍《あべ》派と二階《にかい》派の会計責任者を「在宅起訴」し、岸田派の元会計責任者を「略式起訴」しました。

同じ「起訴」という言葉がついていますが、略式起訴と在宅起訴はどう違うのか。ちなみに**「起訴」というのは、検察が罪を犯した疑いのある人を裁判にかけること**ですね。

略式起訴は、簡易裁判所で略式命令が出て、罰金を払えばおしまいです。政治資金規正法違反は罰金100万円。**ただし罰金刑でも、選挙権と被選挙権を失う「公民権停止」**となり、原則5年間は立候補することができません。現職の議員は失職します。そう考えると、けっこう重いともいえます。

在宅起訴は、身柄を拘束されないで（逮捕されないで）、正式な刑事裁判にかける手続きのことです。

つまり「確かに、私がやりました。悪うございました、ごめんなさい」と、被疑者が罪を認めている場合は略式起訴で済まされることがありますし、悪質と判断されたり、「私は無罪だ。悪くない」と主張したりという場合は、正式な裁判になりますが、逃亡や証拠隠滅の恐れがなければ在宅のままということです。

自民党は政治資金規正法を改正し、政治家に対する罰則を強化する方針を固めています。現状では、共謀がなければ罰則が適用されるのは会計責任者のみとなっているため「政治家の責任逃れだ」との批判が出ています。今後は、会計責任者が有罪になった場合、政治家にも責任が及ぶ「連座制」を導入しようという意見もあります。

■東京地検特捜部の「内在的論理」

今回の裏金問題を捜査していた、東京地検特捜部に期待していた人は多いでしょうね。

でも国会議員で立件されたのは3人だけでした。

東京地検特捜部とはどんな組織かも、説明しておきましょう。

東京地方検察庁（＝東京地検）の中には、「刑事部」と「公安部」と「特別捜査部」（＝特捜部）と「交通部」があります。特捜部の前身は「隠匿退蔵物資事件捜査部」。

終戦後には戦後の混乱に紛れて、旧日本軍が備蓄していた軍事物資や食料、資金などを横領して隠匿した連中がいたのです。そういう国家の財産を隠匿した人たちを摘発するのが隠匿退蔵物資事件捜査部の仕事でした。物資の摘発が一段落した段階で、特別捜査部になりました。略称「特捜部」です。

刑事部は、警察が捕まえた泥棒や強盗を取り調べて起訴する。公安部は過激派の事件などを改めて調べ直して起訴する、警察が調べたあとをチェックするという警察を指揮する立場です。検察官は司法試験に合格している法律の専門家。警察官は現場の捜査をしていますから、法律の解釈に関しては危ういこともありうる。そこで検察が指揮するのです。

検察庁法では、検察官はあらゆる事件を捜査できることになっています。そこで独自に捜査をしようというのが特捜部です。脱税事件もやれば、汚職事件もやる。

これはなかなか表に出ませんが、**都道府県の警察の予算は、それぞれの都道府県議会が決めます。つまり議会に予算を握られているわけです。**すると、場合によっては議会の議員に遠慮して捜査に手加減することが起こる可能性もあります。その点、検察は国家公務員なので、遠慮しないというわけです。

１９７０年代、私はＮＨＫ松江《まつえ》放送局で警察や検察を取材していました。このときに起きた選挙違反事件で、島根県警は島根県議会議員ひとりを（逮捕することなく）書類送検して終わりにしようとしました。ところが、書類を受け取った松江地方検察庁は、その議員を逮捕。取り調べた結果、隣の鳥取県にまで拡大する大々的な違反事件に発展しました。

事件が広がったとき、それを知った島根県警の捜査員は苦虫をかみつぶしたような顔をしていました。悔しかったのでしょうね。

都道府県の警察にとって、都道府県議会の議員には遠慮しがち。まして国会議員となると（心理的な）ハードルが高くなります。その点、東京地検特捜部が国会議員であっても遠慮なく逮捕すると、国民は「よくやった！」と拍手喝采します。こうなると、**東京地検特捜部としては国民から「仕事をしている」と評価されるように、なんとしても国会議員を挙げなければと思っているということです。**

■検察は正義の味方ではないの？

今回の裏金問題では、会計責任者や秘書ばかりが責任を負わされただけでした。**検察は政治資金規正法がザル法（抜け穴が多い法律）で、国会議員の逮捕が難しいことはわかっています。**そこで東京地検としては、「こんな法律ではカネの問題で悪い国会議員を捕まえることができないんだ」と国民に知らせることで、政治資金規正法を改正させたいのではないか。「われわれに、きちんとした武器を与えてくれ」ということでしょう。

1992年に、東京・霞《かすみ》が関《せき》の検察庁庁舎で、「検察庁」と刻まれた石の看板にペンキがかけられた事件がありました。犯人は60代の男でした。東京地検特捜部が捜査を手掛けていた東京佐川急便事件において、巨悪の摘発を期待していたのに、20万円の罰金で終わったことに対し、裏切られて腹が立ったと供述しています。

当時、「政界のドン」といわれた金丸信《かねまるしん》・自民党副総裁が、東京佐川急便から5億円もの闇献金を受け取っていたのですが、略式命令で金丸信側が20万円を支払って捜査は終わりとなっていました。「5億円の闇献金をもらって、たった20万円の罰金か」

当時は、政治資金規正法違反での最高刑が罰金20万円で、検察はそれ以上のことができなかったからです。

しかし、これで一件落着とはなりませんでした。国税庁からの新たな情報を得た東京地検が事務所を家宅捜索してみたら、金の延べ棒やら割引債やらが出てきて、東京地検は脱税容疑で金丸信を逮捕したのです。

東京国税局から「脱税でやれますよ」という情報をもらい、それで逮捕できたというわけです。結局、闇献金を割引債に換えて蓄財していたとする容疑でした。

ちなみに割引債とは、当時「長期信用銀行」という種類の銀行が3行あり、それぞれ無記名で高金利の債券を発行していました。購入するときは「割引」された値段で購入しますが、満期になると額面通りの金額が戻ってくる。差額が利子になります。無記名だったことから脱税の温床になっているという批判が出て、いまはなくなりました。

金丸信の失脚によって当時の最大派閥だった竹下《たけした》派（経世会）が分裂し、小沢一郎《おざわいちろう》、羽田孜《はたつとむ》らが自民党を飛び出して新党を結成。政界が大きく揺れ動きました。

戦後の日本ではほとんどの期間、自民党が政権を運営してきましたが、非自民の細川連立政権（細川護熙《ほそかわもりひろ》内閣）が誕生するのは1993年8月、金丸信の逮捕から数カ月後のことでした。

■カネのかからない政治はできないものか

たとえば**イギリスだと、選挙運動はすべてボランティア。国会議員はそれぞれの政党が支えるので、ほとんどお金がかかりません。**イギリスの場合、親が国会議員だと、子どもは親と同じ選挙区からは出られないので、悪名高い「世襲」もありません。

イギリスは2大政党制の国で、保守党と労働党が中心です。どちらも優秀な議員を育てるために、最初に出馬するときには〝絶対に負けそうな選挙区〟から立候補させようとします。

イギリスは階級社会ですから、必ず保守党が勝つ選挙区と、必ず労働党が勝つ選挙区があります。たとえば、保守党の有力候補がいれば、わざと労働党の候補者が勝つ選挙区にあてて、そこで善戦できるかどうかを見る。

労働党のトニー・ブレア元首相などはそれで成長した政治家として知られています。あえて難しい選挙区から立たせて善戦すれば、「こいつは見どころがある」と党が評価し、次は楽勝の選挙区から立候補させます。こうすれば、そんなにマメに地元に帰って選挙運動をする必要がないのです。ロンドンにいながら政策の勉強ができます。こうして政党が議員を育てるのです。

アメリカは選挙に莫大《ばくだい》なお金がかかりますが、それはテレビコマーシャルにお金がかかるのであって、一軒一軒パンフレットを配って回る党員たちはみんなボランティアです。

日本の場合、自主的に選挙運動をするのは創価学会員と共産党員くらいのもの。ボランティアとして選挙運動をする人が大勢いれば、選挙にお金はかからないのです。

法律をつくるのも法律を改正するのも国会議員の仕事なら、自分たちに都合のいい法律をつくることもできるわけです。だからこそ、**私たちがきちんと見張っていて、おかしければ「おかしい」と声をあげなくてはいけません。そうしないから、政治とカネの問題がなくならないのです。**

■日本はGDP4位に転落、でも日経平均株価は最高値更新

政治がダメなら経済もダメ。**日本は名目GDP（国内総生産）で2023年、ドイツに抜かれ、世界3位から4位に転落しました。2025年にはインドにも抜かれる見通しです。**

背景には円安が進んでいることもあります。円ベースで増加していても、ドルベースで換算すると減少するのです。

一方、円安だと海外投資家からすると日本株が割安に見え、日経平均株価がバブル期

を抜いて最高値《さいたかね》を更新したということもあります。

日経平均株価がバブルの絶頂期につけた史上最高値（1989年12月29日終値の3万8915円87銭）を更新しても、景気のよさは実感できない。豊かさは実感できないという人が多いですね。

というのも、**日経平均株価というのは日本を代表する225社の株価の平均値です。**円安によって過去最高の売上を記録したり、輸出で大儲《おおもう》けをしたりしている一部の企業の株価の平均値です。そこには、**厳しい環境にある中小企業や消費者の実態は反映されていません。**

海外投資家は業績が好調な日本の輸出企業の株が割安だから買っているだけで、庶民の暮らしには関係ありません。

もう1つは、**中国の経済がいまガタガタに落ち込んでいることがあります。**中国は第4章で解説したように、日本の30年前、つまりバブルがはじけたときと同じような状況になっています。**中国に投資をするくらいなら、日本のほうがいい。**とりわけ中国は権力を集中させる習近平《しゅうきんぺい》のツルの一声でこれからどうなるかわかりませんから、日本のほうが安心です。

■ドイツと日本、働き方の違い

大企業では、給料が上がりはじめています。２０２４年の春闘は、大企業で「満額回答」が相次ぎ、連合（日本労働組合総連合会）によれば**1991年以来、33年ぶりに賃上げ額は5％を超えました。日本銀行は賃上げの拡大で、2024年3月にマイナス金利解除を決定しました。ただし、金融緩和はこれからも続ける方針です。**

賃上げが今後、中小企業にも波及するかどうかが重要です。中小企業も含めて給料が上がり、そして消費が回復すると社会全体としてよい循環が生まれ、景気の改善も実感できるのでしょう。ここが正念場です。世界からお金が入ってくることをチャンスとして、日本がこれからまた発展していけるといいのですが。

ドイツのＧＤＰが日本を上回ったのは、もちろん円安のせいもあります。しかし、日本がドイツに学ぶ点は多いと思います。**ドイツ人の労働時間は日本人よりも短いのです**

が、労働者1人あたりの生産性が高いのです。

よく、フランスはバカンス大国といわれます。長期間、休暇を取ってリフレッシュする。でも、ドイツ人のほうがもっと休むのです。しかも、残業をしません。

一般的な仕事ぶりは、午前9時から仕事をはじめ、キッカリ12時に止めて13時までは昼休み。ダラダラと食後のお茶を飲んだりしません。13時から17時まで働いてさっさと帰る。

残業をするということは仕事の効率が悪いということです。残業をする人は、能力が劣っていると思われるのです。日本では残業をしているように見えても、実は机の上のパソコンでゲームをしていたりしませんか？

労働時間が短いドイツ人が、日本人よりも労働生産性が高いのは、ドイツ人が日本人と比べて、よりメリハリのある働き方をしているからでしょう。

日本は、もっと「ワークライフバランス」の充実が求められています。日々の長時間労働でクタクタになり、**時間に余裕がないと、ますます政治を「自分ごと」として考えられなくなります。**無関心のままだと、結果的に政治家のやりたい放題です。

■「南海トラフ巨大地震」の真実とは？

日本は自然災害が多い国です。**2024年元日、またも日本を地震が襲いました。「能登半島地震」です。**あのあたりに活断層があるということはわかっていました。しかし今回の場合は、「地下で動いている水のような流体」が動いたことが引き金になって、活断層が動いたというのです。**これまであまりなかったタイプです。**

2023年の5月の連休中、能登地方では「群発地震」が続いていました。ニュースを見ていたら、「地下で水のような液体が動いているから」という説明がされ、「引き続き、地震に注意してください」と発表されたくらいでした。

思えば、**南海トラフの巨大地震にばかりに注目して、誰も能登で大地震が起きるとは予想していなかったのです。**

2023年に、東京新聞（中日新聞東京本社）社会部の記者・小沢慧一《おざわけいいち》氏が『南海トラフ地震の真実』という本を書いています。第71回菊池寛《きくちかん》賞を受賞しました。私は選考顧問を務めているのですが、読んで驚きました。

というのも、政府の地震調査研究推進本部が全国各地の地震発生確率を出しているのですが、**南海トラフだけ計算の仕方が違うというのです。特別なモデルで算出されていたのですね。**阪神・淡路《あわじ》大震災で甚大な被害が発生したので、注意喚起を促すように、確率が高く出るように別の計算式を使っていたのです。

それを暴いたのが、小沢記者というわけです。他の地域と同じような計算式で地震発生確率を出せば、もっと低くなります。専門家もわかっていながら、「南海トラフ地震が切迫している」というと防災予算がたくさんつくものだから、みんな黙っている。

小沢記者の問題意識は、「みんな自分のところは大丈夫だと思っているうちに、大きな地震が起きてしまう」。彼がそれを告発しようと思ったのは、２０１８年に北海道で起きた「北海道胆振《いぶり》東部地震」を取材したからだと言います。被災地に行くと、倒壊した家の前で男子高校生がうずくまっていた。瓦礫《がれき》の下からは妹さんの足が見えていた。彼は涙を流しながら「まさか北海道で地震が起きるなんて思わなかった」と。**誰もが「次は南海トラフだ」と思っていたため、ほかの地域の防災意識が高まっていなかった**

ことに小沢記者は気付いたというわけです。

彼は、全国どこだってリスクはあるのだということを伝えたかった。私も特番などで「南海トラフの巨大地震」への注意喚起ばかりに注力していましたから、責任を感じました。

日本にいれば、地震はいつどこで起きてもおかしくない。それを再認識し、地震に備えなければいけないということです。次に大地震が起きるのは、あなたが住んでいるところかもしれないのです。

エピローグ　２０２５年は「昭和１００年」

■国際情勢を理解するために

いまの国際情勢を理解するには、歴史を学ばなければなりません。かつて「偉大な帝国」といわれていた国が、歴史の流れの中ですっかり弱くなっています。

なぜロシアのウラジーミル・プーチン大統領がウクライナへ攻め込んだのか、なぜ中国の習近平《しゅうきんぺい》国家主席は台湾を自分のものにしたいと思っているのか。単なる己の野心だけではないのです。そこにはさまざまな長い歴史がある。**世界史的な流れの中で、現在がどうあるのか。歴史を知ることによって、いまが見えてきます。**

そういう視点で見ると、東西冷戦時代はわかりやすかったのです。世界は「アメリカグループ」と「ソ連グループ」の2つの陣営に分かれ、どちらの味方をするかである種、世界秩序が保たれていました。

ところが東西冷戦が終わり、世界の陸地面積の6分の1を占めていた社会主義国家、ソ連（ソビエト社会主義共和国連邦）が崩壊すると、ソ連周辺の国が独自に動き始めました。ソ連は世界から恐れられる存在だったのに、それがなくなった途端、湾岸戦争をはじめ、さまざまな紛争やテロが起きるようになりました。

偉大なソ連がロシアになってしまったら、世界から「もう脅威ではない」と見られるようになった。プーチン大統領にしてみれば軽く見られていると大いにプライドを傷つけられました。なんとかしなければという思いに駆られているのです。

第2次世界大戦後、中国共産党によって中華人民共和国ができました。毛沢東《もうたくとう》の指導のもと、平等だったかもしれませんが、経済はまったく発展しませんでした。多くの人口を抱えながら世界最貧国のような状態になってしまった。毛沢東亡き後、中国が新たな国づくりを始めようとすると、周りの国は、「可哀そうだ、助けてあげよう」という気になります。日本も国交正常化以降、ある種上から目線で、遅れた国に接するようにさまざまな技術指導をしたり、新幹線の技術を売ったりしてきました。

受ける側は屈辱を感じます。本当はそうではない、かつての中国は偉大な「明《みん》」という帝国だったではないか。

■「グローバルヒストリー」と呼ばれる新たな世界史

中東でいえば、トルコもそうです。かつては偉大なオスマン帝国でした。実に広大な領土を持ち、さまざまな民族、宗教の人たちを支配していました。これが第1次世界大戦で崩壊し、トルコ共和国という小さな国になってしまいました（まだ広大な面積があるとは思いますが）。トルコはその後、発展のためイスラム色を排除し、トルコ語表記をアラビア文字からラテン文字に変えてまでヨーロッパとの一体化を望んできたのですが、いまもEU（欧州連合）加盟は叶《かな》っていません。EU加盟国はキリスト教徒が多数派の国々の集まりです。トルコは国民の9割以上がイスラム教徒です。**EU諸国は本音としてイスラム教徒が多い国には入ってほしくないのです。**

そんな経緯を背景に、トルコはいまレジェップ・タイイップ・エルドアン大統領がEU入りを断念し、**イスラムの国に復帰しつつあります。**

もともとイスラム世界は中世に繁栄し、科学技術が発展していたのです。それがいつしかヨーロッパのキリスト教社会の後塵《こうじん》を拝するようになってしまった。

こうした歴史認識の下、いま**「グローバルヒストリー」の重要性が問われるようになっています。**高校の教科書も、「日本史」、「世界史」として並立させるのではなく、グローバルに世界の歴史を見ていこうと「歴史総合」（必修）に変わりました。従来の歴史の見方を修正しようというのです。

アフリカは「暗黒大陸」などと呼ばれ、歴史がないなどとされていましたが、そんなことはありません。植民地になる前は、豊潤な歴史があったことが発掘により明らかになっています。**歴史によって育《はぐく》まれてきたさまざまな文化、考え方を改めて学び、認めていこうということです。**

■グローバル・サウスの旗手「インド」はどうなる

グローバルで見ると、**世界の覇権国も変遷してきました。**近年は、アメリカの一極体制が続きましたが、最近、新たに覇権を狙う国として台頭してきたのが中国でした。中国はアメリカの覇権を脅かすまでに成長しましたが、いまその成長に陰りが見え始めています。

中国に代わって、**いま成長著しいのが「インド」です。**まだまだ覇権争いをする位置にはいませんが、14億人という人口を抱え、国際社会で存在感を増しています。

もともとインド独立の父、マハトマ・ガンジーは宗教に関係のない国づくりを目指しました。それに対し、ムハンマド・アリー・ジンナーという人物が、イスラム教徒はイスラム教徒の国をつくるべきだと主張し、インドから分離独立してパキスタンを建国しました。

結局、国内にイスラム教徒を1億人ほど残したままつくられたのが、いまのインドです。現在は**インドの人口の14億人のうち、12億人はヒンドゥー教徒なのです。**

現在のインドの首相ナレンドラ・モディは、ヒンドゥー至上主義の過激な政党の党首として、国民から支持を得ています。

インドは「全方位外交」といわれますが、要はこちらも**自国ファースト、インドの中ではヒンドゥー教徒ファーストの国**です。世界市場で小麦が不足すると、G7の圧力に

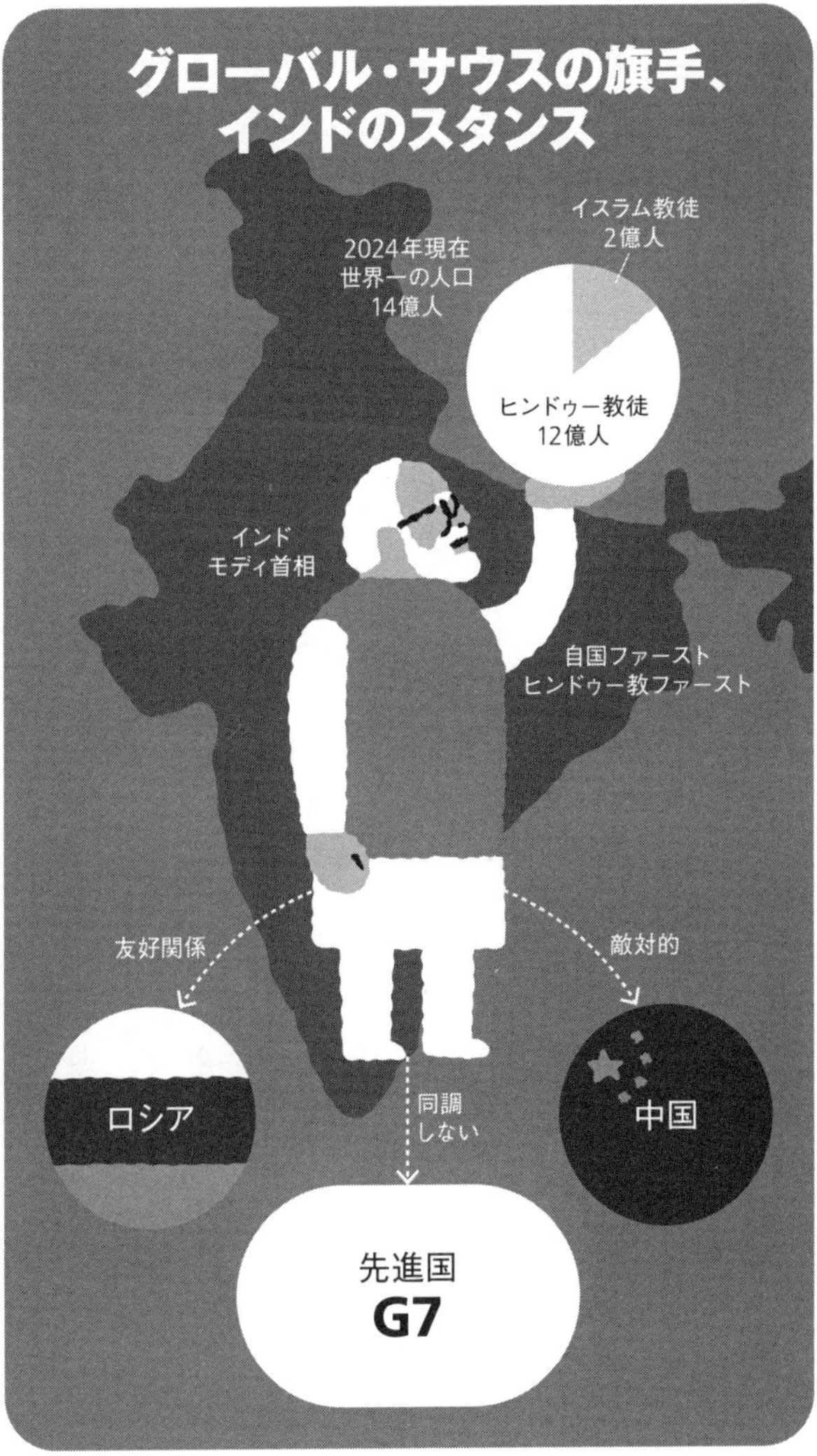
グローバル・サウスの旗手、
インドのスタンス
イスラム教徒
2億人
2024年現在
世界一の人口
14億人
ヒンドゥー教徒
12億人
インド
モディ首相
自国ファースト
ヒンドゥー教ファースト
友好関係
敵対的
ロシア
同調
しない
中国
先進国
G7

もかかわらず小麦の輸出を即座に停止したり、先進国がロシアに対し経済制裁をする中、ロシアの足元を見て、ロシアから石油や天然ガスを安く買ったりしています。

インドはもともとロシアに恩義があるのです。東西冷戦時代はソ連から援助を受けていました。インドは過去に中国と戦争をしたことがあり、**インドは中国への対抗上、ロシアとの友好関係を崩したくない。そういう「内在的論理」があります。**

インドは14億人という人口を原動力に、しばらくは経済成長を続けるでしょう。ただ、カースト制度（伝統的な身分制度）がやはりブレーキにはなると思います。

「グローバル・サウスの旗手」とは言っても、グローバル・サウスに明確な定義はありません。「新興国」の別称として使われることが多いですね。

私流に定義するとしたら、**「G7つまり先進国の言うことは聞かないぞ」という国々の総称。**Ｇ７はみんなでまとまってなんらかの行動を起こそうとしますが、グローバル・サウスはバラバラです。**急激に経済が成長し、存在感を増していることは確かですが、決して一枚岩ではありません。**

ユーラシア・グループのレポートでも、「グローバルな舞台で自分たちの地位を高めたいという共通の願望を持つだけで、共通点はほとんどない」（前出）、**連帯はできないという見方をしています。**

■日本にできること

日本は、そうした国際社会で地位を高める国々と良好な関係を築いています。

たとえば、トルコという国はヨーロッパであると同時に、アジアでもあります。ボスポラス海峡の東側はアジア、西側はヨーロッパです。私はボスポラス海峡に行くと、ここがアジアとヨーロッパの境目なのだと思って感動します。

ボスポラス海峡には3つの「ボスポラス大橋」がかかっているのですが、この橋の建設には複数の日本企業が携わっています。朝晩は渋滞するのでやはり海底トンネルをつくり地下鉄が必要ではないかということになり、トンネルも日本がつくりました。まさに日本が貢献している。トンネル建設における日本の高い技術力が世界中から評価されることになりました。

日本はなにもかも「アメリカ追従」のように思われていますが、実はしたたかな外交を展開しているのです。インドほどではないかもしれませんが……。

欧米各国と歩調を合わせてロシアに経済制裁を科しているように見せかけて、日本はサハリン1、サハリン2から天然ガスを買っています。広島ガスが調達している天然ガスの半分はロシア産です。

ドイツはロシア産の天然ガスや原油の輸入をストップしたので、光熱費がとてつもなく上がっています。環境先進国のドイツが、仕方なく石炭火力発電所を再開させ、稼働していた原子力発電所の停止計画も延長しました。

日本もドイツと同様に、「ロシアからの天然ガスは一切買いません」という決断をすれば、電気料金などはものすごいことになっているでしょう。さらに、日本を代表するグローバル企業の日本たばこ産業（JT）の一番の稼ぎ頭は、ロシア事業です。ウクライナは日本のJTグループ会社を「戦争支援企業」と非難しました。JTの大株主は誰か。日本政府なのですね。**日本は、ロシアと決定的には対立しないようにしているのです。**

日本は中東にも原油を依存しています。そのためアラブ諸国との関係構築に努めてきました。ユダヤ人差別もしていません。**宗教的にも中立的で、イスラエルとアラブ諸国、双方と関係は悪くないのです。**

西欧社会にできなくても、日本だからできることはあるはずなのです。

■選挙制度が「国のかたち」を決める

しかしそんな日本は、国内が大揺れです。相次ぐ国会議員スキャンダルで内閣支持率は下落の一途。とはいえ、野党第1党の支持率も伸びず。せっかくのチャンスなのにいまの「1強多弱」状態では、選挙をしてもまた自由民主党（自民党）が勝つ可能性が高いのです。

政権交代可能な2大政党制をと衆院に小選挙区比例代表並立制を導入したのに、このままでは逆に、いつまで経っても政権交代は期待できません。

「以前の中選挙区制に戻したほうがいい」という声も根強いですね。どんな選挙制度がいいのか、非常に難しい問題です。どんな選挙制度にも、一長一短があるからです。**アメリカは「完全小選挙区制」です。**すると「反イスラエル」の旗をあげる候補者がいれば、ユダヤ人の金持ちたちが対抗候補に資金を送り、結局、その「反イスラエル」の候補者は当選できなかったり、あるいは「銃規制をしよう」と言う候補者がいれば、全米ライフル協会が銃規制反対派を支援し、規制派の候補者が落ちたりする。

完全小選挙区制にすると、このように金に物を言わせる存在によって結果が左右されてしまうという問題があります。

逆に**イスラエルは「完全比例代表制」で苦労していますね。**少数意見が反映されるので、極端な意見の政党が当選する可能性がある。**完全比例代表制は極端な勢力がキャスティングボートを握ると、政権がとんでもない方向に引っ張られていく危険性があるのです。**

それらに比べると日本はまだましなのではと思ってしまいます。「小選挙区比例代表並立制」は、両方のいいところを取っている。いろいろと問題もありますが結果的に中《ちゅ》庸《うよう》なのです。つまり、完全無欠な選挙制度などないということです。

最近は**「くじ引き民主主義」**でいいじゃないかという意見もあります。選挙で選ばれた議員ではなく、**裁判員制度のように無作為抽出で選ばれた市民が政治を行えばいい。**

政治参加の意識は高まると思いますが、いきなり国政というのは難しいでしょう。地方自治体レベルで試してみる価値はあるかもしれません。

まさに**選挙制度をどうするかによって国のかたちが決まる**のです。これも国際情勢から学ぶことができるのだろうと思います。

■アメリカの寄付文化も聖書から

本書では、宗教の知識が大切だということも述べてきました。

たとえば、大学入試でよく「狭き門」という言葉が使われます。アンドレ・ジッドの本のタイトルにもなっていますね。これは、新約聖書の「力を尽くして狭き門より入れ」という有名な一節からきています。

あるいはアメリカで一代で財を成したような億万長者は、晩年になると寄付をするのですね。たとえばマイクロソフトの共同創業者のビル・ゲイツは、財産の99%を慈善団体に寄付しました。**アメリカになぜ寄付文化が根付いているのか。これも聖書が関係しています。**

新約聖書の中でイエス・キリストはこう言っています。「金持ちが天国に行くのは、ラクダが針の穴を通るより難しい」。

キリスト教社会で天国へ行きたいと思う人は、最後は財産を手放すのです。私は以前、ビル・ゲイツと対談をしたことがあります。そのとき、彼に「あなたは財団に寄付していますか。針の穴を通りたいからですか?」と聞くと、苦笑いしていました。

ロシアのプーチン大統領は、ウクライナ侵攻を正当化するため聖書の一節を引用しています。ロシアのクリミア併合8周年を記念し、「聖書の言葉を思い出す。誰かが友のために自分の命を捨てること、これ以上に大きな愛はない」と語ったのです。

確かに新約聖書の中にそういう一節はあるのですが、その前にイエスは弟子たちに、とにかく人々は争ってはならない、仲良くしなければならないということを言っているのですね。その前段をすっ飛ばして引用している。

このように考えると、**国際情勢を理解するうえで、聖書の知識が必須《ひっす》であることがわかるでしょう。**

■自分に「負荷」をかけることで成長を

2023年はいろいろな国へ出かけました。モルドバで89カ国、沿ドニエストル共和国で90カ国目になりました。久しぶりに1人で取材に行った国もあります。テレビのロケだと、チケットは全部、局側が手配してくれて、準備はコーディネーターにお任せですが、今回はチケットの手配から撮影交渉まですべて自力です。すると緊張感が全然違います。

自分に負荷をかけることは、とても大切だと改めて思いました。筋肉を鍛えるとき、辛《つら》い、やめたいと思う瞬間があるでしょう。でも「あと何回」と負荷をかけることで筋肉がつく。

NHK時代はいろんなことに挑戦し、「こんなのムリ」と思うことも断らないで、やってみようと背伸びをしてきました。ふと気が付くと、ムリと思ったことが楽々できるようになっているのです。その繰り返しでした。

筋肉に負荷をかけるように、脳にも負荷をかけてほしいと思います。ときには、脳から汗が噴き出るような難しい本に挑戦してみてください。

2025年は、昭和でいうとちょうど100年なのですね。私はあと少しで後期高齢者ですが、まだまだいろいろなことを知りたいし、学んだことを伝えたい。それが元気の源です。「昭和100年」には、ぜひ世界100カ国を達成したいと思います。

昭和世代が少しずつ姿を消しながら、平成、令和の若者たちがどう活躍していくか、大いに期待しています。

おわりに

このシリーズも15回になりました。シリーズの既刊を振り返ってみると、大きく変化したこともありますが、相変わらずの情勢が続いていることもあります。たとえば中東情勢。イスラエルの建国によってパレスチナ住民との紛争は相も変わらず続いていますが、イスラエルがガザ地区のハマスに対する総攻撃を開始したことで、明らかにフェーズ（段階・情勢）が変わりました。イスラエルとイランの直接対決にまで発展し、「第5次中東戦争」の危険性が現実のものとなりつつあります。

また、当初はイスラエルに同情的だった国際世論も、ガザ地区で女性や子どもたちが多数死傷している映像が拡散することで、硬化しています。特にアメリカ各地の大学で反イスラエルの集会やデモ行進が行われ、これを大学当局が禁止したり警察を導入して取り締まったりしたことで、学生たちが猛反発。イスラエルを支援してきた民主党のジョー・バイデン大統領への批判が拡大しています。

この動きは、今秋に行われるアメリカ大統領選挙の趨勢《すうせい》にも大きな影響が出ます。その大統領選挙の前哨戦《ぜんしょうせん》がアメリカ連邦議会での民主党と共和党の対立です。ロシアによる軍事侵攻によって苦戦を強いられているウクライナを支援したい民主党と、「他国のことより自国のために金を使え。不法移民を取り締まれ」と要求する共和党。対立が激化してウクライナを支援する予算が成立しない状況が続いてきました。

しかし、「このままでは年内にもウクライナは敗北する」との危機意識がようやく浸透したことで、アメリカのウクライナ支援が再開されました。

こうして見ると、国際情勢はアメリカの国内世論の動向によって左右されることが、あらためて確認できます。

その結果、世界各国は「もしトラ」に身構えています。もしドナルド・トランプ前大統領が復活したら、世界はどうなるのか。それに備えて各国はトランプ前大統領と接触を図っています。日本も自由民主党の麻生太郎《あそうたろう》副総裁がニューヨークのトランプタワーでトランプと会談しました。岸田文雄《きしだふみお》総理がバイデン大統領と「日米の絆《きずな》」を確認し合った直後のトランプ詣《もう》で。バイデン政権からは「日本の二股外交」への不信感が聞かれます。日本としては「自民党の副総裁」という政党の立場で会ったのであり、政府は関与していないという苦しい口実で接触したのですが、これが果たして通用するのか。今秋に向けて、バイデンかトランプかの両にらみが続きます。

今回も編集者・辻森康人さんと八村晃代さんにお世話になりました。

2024年5月

ジャーナリスト　池上《いけがみ》　彰《あきら》

主要参考文献一覧

プロローグ

▽「AERA」2023年11月20日号（朝日新聞出版）

▽『Top Risks 2024 JPN』ユーラシア・グループ

第1章

▽『進化論を拒む人々　現代カリフォルニアの創造論運動』鵜浦裕（勁草書房）

▽『宗教からよむ「アメリカ」』森孝一（講談社選書メチエ）

▽『憲法で読むアメリカ史（全）』阿川尚之（ちくま学芸文庫）

▽「米大統領選、重要6州のうち5州でトランプ氏がリード＝世論調査」
https://jp.reuters.com/world/us/XS6WRETXIVIXLNWY2MSA5GTU4E-2023-11-06/

第2章

▽『大国ロシアの漂流　ゴルバチョフとエリツィンの10年』ヴォルフガンク・レオンハルト／村上紀子・訳（日本放送出版協会）
▽『過去を消した男　プーチンの正体』西村拓也（小学館文庫）
▽『現代ロシアの軍事戦略』小泉悠（ちくま新書）
▽『ハイブリッド戦争　ロシアの新しい国家戦略』廣瀬陽子（講談社現代新書）
▽『ウラジーミル・プーチンの大戦略』アレクサンドル・カザコフ／佐藤優・監訳、原口房枝・訳（東京堂出版）
▽『ウクライナ戦争をどう終わらせるか「和平調停」の限界と可能性』東大作（岩波新書）
▽「ダイヤモンドとユダヤ人、その切っても切れない関係」（JBpress連載「ビジネスに効く！世界史最前線」玉木俊明）https://jbpress.ismedia.jp/articles/-/60899

第3章
▽『コーラン（上）（中）（下）』井筒俊彦・訳（岩波文庫）
▽『イスラエルとパレスチナ　和平への接点をさぐる』立山良司（中公新書）

▽『ユダヤ人国家〈新装版〉 ユダヤ人問題の現代的解決の試み』テオドール・ヘルツル／佐藤康彦・訳（法政大学出版局）
▽『エルサレムのアイヒマン〈新版〉 悪の陳腐さについての報告』ハンナ・アーレント／大久保和郎・訳（みすず書房）
▽『イスラエルとユダヤ人　考察ノート』佐藤優（角川新書）
▽『天井のない監獄 ガザの声を聴け！』清田明宏（集英社新書）
▽『パレスチナ問題の展開』高橋和夫（左右社）
▽「イスラエル・ガザ戦争／対立の歴史をさかのぼる」（BBC NEWS JAPAN）https://www.bbc.com/japanese/features-and-analysis-67123651

第4章
▽『台湾の悲劇　世界の行方を左右する台湾』正木義也（総合法令出版）

第5章
▽『旧約聖書　創世記』関根正雄・訳（岩波文庫）

第6章
▽『南海トラフ地震の真実』小沢慧一（東京新聞）
エピローグ
▽『国際政治　改版　恐怖と希望』高坂正堯（中公新書）

池上　彰（いけがみ・あきら）
1950年生まれ。ジャーナリスト、名城大学教授、東京工業大学特命教授、東京大学客員教授、愛知学院大学特任教授、立教大学客員教授。信州大学などでも講義を担当。慶應義塾大学卒業後、73年にNHK入局。94年から11年間、『週刊こどもニュース』のお父さん役として活躍。2005年に独立。いまさら聞けないニュースの基本と本質をズバリ解説。角川新書「知らないと恥をかく世界の大問題」シリーズ、『政界版　悪魔の辞典』、『知らないと恥をかく東アジアの大問題』（山里亮太氏、MBS報道局との共著）、『宗教の現在地　資本主義、暴力、生命、国家』（佐藤優氏との共著）、単行本『池上彰と考える　「死」とは何だろう』、『何のために伝えるのか？　情報の正しい伝え方・受け取り方』、角川文庫『池上彰の「経済学」講義（歴史編・ニュース編）』（いずれもKADOKAWA）など著書多数。

知《し》らないと恥《はじ》をかく世界《せかい》の大問題《だいもんだい》15

21世紀《せいき》も「戦争《せんそう》の世紀《せいき》」となるのか？

池上《いけがみ》　彰《あきら》

2024年 6 月 10 日　初版発行

発行者　山下直久
発　行　株式会社KADOKAWA
〒102-8177　東京都千代田区富士見 2-13-3
電話　0570-002-301（ナビダイヤル）

装 丁 者　緒方修一（ラーフイン・ワークショップ）
ロゴデザイン　good design company
印 刷 所　株式会社暁印刷
製 本 所　本間製本株式会社

角川新書

ISBN978-4-04-082511-3 C0295